Deepak Chopra

Jung bleiben – ein Leben lang

Deepak Chopra

Jung bleiben – ein Leben lang

*Vitalität und Klarheit
bis ins hohe Alter*

Titel der Originalausgabe:
The Essential: Ageless Body, Timeless Mind.
The Essence of the Quantum Alternative to Growing Old
Harmony Books/Random House, Inc.,
New York, 1993/2007

*This translation published by arrangement with
Harmony Books, an imprint of The Crown
Publishing Group, division of Random House Inc.*

Deutsche Ausgabe:
© 2011 KOHA-Verlag GmbH Burgrain
Alle Rechte vorbehalten
Aus dem Englischen von Nayoma de Haën
Lektorat und Layout: Birgit-Inga Weber
Gesamtherstellung: Karin Schnellbach
Druck: CPI, Moravia
ISBN 978-3-86728-154-6

*»People don't grow old.
When they stop growing, they become old.«
(Sinngemäß: »Nur wer aufhört,
täglich neu zu werden, wird älter.«)*
Anonym

---

*»Wenn man in der Menschheit
den Glauben an die Unsterblichkeit zerstörte,
würde nicht nur die Liebe,
sondern jegliche Kraft, die das Leben der Welt erhält,
augenblicklich verdorren.«*
Dostojewski

---

*»Ich bewege mich mit dem Unendlichen in der Kraft der Natur.
In mir ist das Feuer der Seele.
In mir ist Leben und Heilung.«*
Rig Veda

---

*»Sieh diese Welten
aus dem Nichts wirbelnd.
Das liegt in deiner Macht.«*
Rumi

Anmerkung des Autors

Es gibt nur wenige Dinge im Leben, die ich befriedigender finde als Lernen und Lehren.
Wir werden alle mit einer unersättlichen Neugier auf die Welt um uns herum geboren, und ich hatte das Glück, in einem Zuhause aufzuwachsen, wo ich zu diesem Wissensdurst ermutigt wurde. Als Erwachsener genieße ich heute das Beste beider Welten: Einerseits kann ich die Wissenschaften, die alten Weisheiten, die Gesundheit und den Geist erforschen; andererseits darf ich durch meine Bücher und Vorträge das Gelernte weitergeben und damit anderen helfen, ihre Neugier zu befriedigen.
Wenn ich vor Publikum spreche, stelle ich meine Ideen je nach der verfügbaren Zeit knapp oder ausführlicher dar. Ein Fünf-Minuten-Clip in einem Morgenmagazin erfordert eine ganz andere Präsentation als eine einstündige Sendung in meinem wöchentlichen Sirius-Radio-

Programm; diese wirkt wiederum sehr kurz im Vergleich mit den einwöchigen Kursen, die ich in aller Welt leite.

Das Gleiche trifft auf unsere Lektüre zu: Nicht immer können wir uns den zeitlichen Luxus leisten, ein ganzes Buch über eine neue Idee zu lesen. Vielleicht haben wir aber wenigstens die Zeit, ihre Essenz aufzunehmen.

Aus diesem Gedanken heraus ist dieses kleine Buch entstanden. Die ausführliche Form mit dem Titel »Jung bleiben – ein Leben lang. Mit Ayurveda das Geheimnis des langen Lebens erfahren« hat viele Menschen begeistert, sodass ich aus dem Original die wichtigsten Elemente herausgefiltert habe.

»Jung bleiben – ein Leben lang« erkundet im Hinblick auf das Thema Langlebigkeit die erstaunlichen Parallelen zwischen der Weisheit der alten indischen Körper-Geist-Medizin des Ayurveda und den Offenbarungen der modernen Teilchenphysik.

Wenn wir sowohl jahrtausendelang bewährte Ansätze und modernste wissenschaftliche Forschungsergebnisse heranziehen, gewinnen wir bemerkenswerte Erkenntnisse, die uns nicht nur inspirieren, sondern auch praktische Strategien aufzeigen, wie wir uns die ganze Kraft von Körper, mentalem Geist und spirituellem Geist zunutze machen können.

Durch die folgenden Seiten werden Sie, so hoffe ich, nicht nur feststellen, dass diese Techniken Ihnen helfen können, länger zu leben; sie werden Sie auch darin unterstützen, Ihr Leben bei guter Gesundheit, mit mentaler Spannkraft, kraftvoll und in einer positiven Haltung zu genießen.

Das wünsche ich Ihnen von Herzen.

*I*ch möchte Sie zu einer Entdeckungsreise einladen. Wir werden einen Ort erkunden, an dem die Regeln unserer alltäglichen Existenz nicht gelten. Diese Regeln besagen, es sei letztlich das Schicksal von uns allen, alt und gebrechlich zu werden und zu sterben. So ist es Jahrhundert um Jahrhundert gewesen. Ich möchte Sie jedoch bitten, Ihre Annahmen über das, was wir »Realität« nennen, zurückzustellen, damit wir Pioniere eines Landes werden können, in dem jugendlicher Elan, Regeneration, Kreativität, Freude, Erfüllung und Zeitlosigkeit zur Alltagserfahrung gehören, wo es weder Alter noch Senilität, weder Gebrechlichkeit noch Tod gibt und diese Phänomene noch nicht einmal als Möglichkeit betrachtet werden.

Das Einzige, was uns davon abhält, uns dorthin zu begeben, ist unsere Konditionierung, unsere kollektive Weltanschauung, die uns unsere Eltern, Lehrer und die Gesellschaft beigebracht haben. Diese Art, die Dinge zu sehen – das alte Paradigma – wird passenderweise »Hypnose der sozialen Konditionierung« genannt. Sie ist eine induzierte Erfindung, und wir haben uns kollektiv einverstanden erklärt, uns auf sie einzulassen.

Ihr Körper altert, ohne dass Sie es unter Kontrolle haben, weil er darauf programmiert wurde, die Regeln dieser kollektiven Konditionierung auszuleben.

Um die Erfahrung eines alterslosen Körpers und eines zeitlosen Geistes zu machen – wie es durch den Titel dieses Buches versprochen wird –, müssen Sie zehn Annahmen über Ihr Sein und das wahre Wesen des Geistes und des Körpers über Bord werfen. Diese Annahmen sind die Grundfesten unserer gemeinsamen Weltanschauung:

1. Es gibt eine objektive, vom Beobachter unabhängige Welt, und unsere Körper sind ein Aspekt dieser objektiven Welt.

2. Die Körper bestehen aus Klumpen von Materie, die durch Raum und Zeit voneinander getrennt sind.

3. Geist und Körper sind voneinander getrennt und existieren unabhängig voneinander.

4. Materialismus ist vorrangig, Bewusstsein nachrangig. Anders gesagt: Wir sind Maschinen, die Denken gelernt haben.

5. Menschliches Gewahrsein lässt sich vollständig biochemisch erklären.

6. Als Individuen sind wir vereinzelte, in sich abgeschlossene Wesen.

7. Unsere Wahrnehmung der Welt erfolgt automatisch und vermittelt uns ein zutreffendes Bild davon, wie die Dinge wirklich sind.

8. Zeit existiert als etwas Absolutes und wir sind darin gefangen. Niemand kann dem Zugriff der Zeit entgehen.

9. Unser wahres Wesen wird durch den Körper, das Ego und unsere Persönlichkeit definiert. Wir sind in Fleisch und Knochen gefangene Irrlichter aus Erinnerungen und Sehnsüchten.

10. Leiden ist unumgänglich – es ist Bestandteil der Realität. Wir sind unausweichlich Opfer von Krankheit, Alter und Tod.

Diese Annahmen definieren weit über das Altern hinaus eine Welt der Getrenntheit, des Verfalls und des Todes. Zeit gilt als ein Gefängnis, dem keiner entkommt; unsere Körper sind biochemische Maschinen, die sich wie alle Geräte abnutzen. Diese Haltung, die rein materielle, wissenschaftliche Sicht der Dinge, lässt einen großen Teil der menschlichen Natur außer Acht. Wir sind die einzigen Kreaturen auf der Erde, die ihre biologischen Vorgänge durch ihr Denken und Fühlen beeinflussen können. Wir verfügen über das einzige Nervensystem, das sich des Alterns bewusst ist. Und unsere mentale Haltung beeinflusst, wessen wir uns bewusst sind.

Jede Annahme des alten Paradigmas kann durch eine vollständigere und erweiterte Version der Wahrheit ersetzt werden. Diese neuen Annahmen sind zwar ebenfalls nur vom menschlichen Geist hervorgebrachte Ideen, aber sie bieten uns mehr Freiheit und Einflussnahme. Sie verleihen uns die Fähigkeit, das Programm des Alterns, das jetzt unsere Zellen steuert, umzuschreiben.

Die zehn neuen Annahmen lauten:

1. Die physische Welt, inklusive unserer Körper, steht in Wechselwirkung mit dem Beobachter. Wir erschaffen unseren Körper, genauso wie wir die Erfahrung unserer Welt erschaffen.

2. In seiner Essenz besteht unser Körper aus Energie und Information und nicht aus fester Materie. Diese Energien und Informationen gehen aus den unendlichen Feldern der Energien und Informationen hervor, die das Universum umspannen.

3. Geist und Körper sind untrennbar eins. Die Einheit, die »ich« bin, trennt sich in zwei Erfah-

rungsströme. Ich erlebe den subjektiven Strom als Gedanken, Gefühle und Verlangen – und den objektiven Strom als meinen Körper. Auf einer tieferen Ebene begegnen sich die zwei Ströme jedoch in einer einzigen, schöpferischen Quelle. Aus dieser Quelle sollen wir leben.

4. Die Biochemie des Körpers ist ein Produkt des Gewahrseins. Überzeugungen, Gedanken und Emotionen bewirken die chemischen Reaktionen, die das Leben in jeder Zelle aufrechterhalten. Eine alternde Zelle ist das Endprodukt eines Gewahrseins, das vergessen hat, wie es neu bleiben kann.

5. Wahrnehmung scheint automatisch zu erfolgen, aber tatsächlich ist sie ein erlerntes Phänomen. Die Welt, in der Sie leben, auch die Erfahrung Ihres Körpers, wird vollständig davon bestimmt, wie Sie gelernt haben, alles wahrzunehmen. Wenn Sie Ihre Wahrnehmung ändern, verändern Sie Ihre Erfahrung Ihres Körpers und der Welt.

6. Impulse der Intelligenz erschaffen Ihren Körper in jeder Sekunde in neuen Formen. Was Sie sind, ist die Gesamtsumme dieser Impulse. Wenn Sie die Muster der Impulse ändern, werden Sie sich ändern.

7. Auch wenn jeder Mensch getrennt und unabhängig erscheint, sind wir doch alle mit intelligenten Mustern verbunden, die den ganzen Kosmos steuern. Unser Körper ist Teil eines universellen Körpers, unser Geist ist ein Aspekt eines universellen Geistes.

8. Die Zeit existiert nicht als Absolutes, nur die Ewigkeit. Was wir »lineare Zeit« nennen, spiegelt wider, wie wir Veränderung wahrnehmen. Wenn wir das Unveränderte wahrnehmen könnten, würde die uns bekannte Zeit aufhören zu existieren. Wir können lernen, Unveränderlichkeit, Ewigkeit, das Absolute zu »verstoffwechseln«. Indem wir das tun, bereiten wir uns vor, die Physiologie der Unsterblichkeit zu erzeugen.

9. Jeder von uns lebt in einer Wirklichkeit, die jenseits aller Veränderung liegt. Tief in uns, den fünf Sinnen unbekannt, gibt es einen innersten Kern unseres Seins, ein Feld der Unveränderlichkeit, aus dem Persönlichkeit, Ego und Körper hervorgehen. Dieses Sein ist unser essenzieller Zustand; es ist das, was wir wirklich sind.

10. Wir sind keine Opfer des Alterns, des Siechtums und des Todes. Dies sind Teile der Inszenierung,

doch der Betrachter ist immun gegen jegliche Veränderung. Dieser Betrachter ist der Ausdruck ewigen Seins.

Das sind große Annahmen, Grundlagen einer neuen Realität, doch sie beruhen alle auf Entdeckungen der Quantenphysik, die vor fast hundert Jahren gemacht wurden. Die Samen dieses neuen Paradigmas wurden von Einstein, Bohr, Heisenberg und anderen Pionieren der Quantenphysik gesät: Sie erkannten, dass die allgemein anerkannte Art, die physische Welt zu betrachten, falsch war. Die Dinge »da draußen« scheinen zwar real zu sein, doch es gibt keinen Beweis für die Wirklichkeit, der vom Beobachter unabhängig ist. Jede Weltanschauung erzeugt ihre eigene Welt.

Ich möchte Sie davon überzeugen, dass Sie viel mehr sind als Ihr begrenzter Körper, Ihr begrenztes Ego und Ihre begrenzte Persönlichkeit. In Wirklichkeit ist das Feld des menschlichen Lebens offen und unbegrenzt. Auf seiner tiefsten Ebene ist Ihr Körper alterslos, Ihr Geist zeitlos. Wenn Sie sich mit dieser Wirklichkeit der Quanten-Weltsicht identifizieren, wird sich Ihr Alterungsprozess fundamental wandeln.

Die Tyrannei der Sinne beenden

Wann akzeptieren wir etwas als real? Wenn wir es sehen und berühren können. Jeder ist zugunsten der Realität von Dingen voreingenommen, von denen uns unsere Sinne sagen, dass sie zuverlässig dreidimensional sind. Sehen, Hören, Berühren, Schmecken und Riechen dienen uns dazu, uns immer wieder dieselbe Botschaft zu bestätigen: dass die Dinge sind, was sie scheinen. Dieser Wahrnehmung zufolge ist die Erde flach und der Boden unter unseren Füßen unbeweglich; die Sonne geht im Osten auf und im Westen unter. Solange die Wahrnehmungen der fünf Sinne nicht hinterfragt wurden, waren solche Tatsachen unverrückbar.

Doch Einstein und seine Kollegen waren in der Lage, diese Erscheinungen zu demaskieren. Sie ordneten Zeit und Raum in einer neuen Geometrie, die weder Anfang noch Ende, weder Kanten noch Festigkeit hat. Jedes feste Teilchen im Universum erweist sich als ein flüchtiges Bündel schwingender Energie in einer unendlichen Leere.

Aus dieser Perspektive erscheint es kaum möglich, dass Menschen altern. So schwach und hilflos ein menschliches Neugeborenes auch erscheinen mag, ist es doch gegen den Zahn der Zeit bestens geschützt. Könnte ein Mensch seinen fast perfekten nachgeburtlichen Immunstatus aufrechterhalten, würden wir nach Ansicht mancher Physiologen mindestens 200 Jahre lang leben. Die Zellen eines Neugeborenen sind nicht wirklich neu – die Atome, aus denen sie bestehen, zirkulieren seit Milliarden von Jahren durch den Kosmos. Aber eine unsichtbare Intelligenz hat sich in diesem Kind neu zusammengefunden und eine einzigartige Lebensform gebildet.

Altern ist ein Zeichen für den Verlust dieser Intelligenz. Die Quantenphysiker sagen uns, der kosmische Tanz ende niemals; das universelle Feld der Energie und Information höre nie auf, sich zu transformieren, und entstehe in jeder Sekunde neu. Unsere Körper gehorchen denselben schöpferischen Impulsen. In jeder Zelle finden zu jeder Sekunde geschätzte sechs Billionen Reaktionen statt. Käme dieser Informationsstrom je zum Stillstand, würden Ihre Zellen ihre innere Ordnung verlieren – was gleichbedeutend mit dem Altern ist.

Tagelang herumliegendes Brot verdirbt, weil es Feuchtigkeit, Schimmelpilzen, Oxidation und verschiedenen anderen chemischen Verfallsprozessen unterworfen ist. Ein Kreidefelsen bricht im Lauf der Zeit zusammen, weil das Wetter auf ihn einwirkt und er sich nicht selbstständig erneuern kann. Auch unsere Körper sind der Oxidation und den Angriffen von Keimen ausgesetzt. Aber wir können uns erneuern.

Um lebendig zu bleiben, muss unser Körper mit der Veränderung gehen. Die Haut erneuert sich einmal im Monat, die Magenschleimhaut alle fünf Tage, die Leber alle sechs Wochen und das Knochengerüst alle drei Monate. Am Ende eines Jahres sind 98 Prozent der Atome Ihres Körpers gegen neue ausgetauscht worden.

Einstein hat uns gelehrt, dass der physische Körper, genau wie alle anderen materiellen Objekte, eine Illusion ist. Die unsichtbare Welt ist die wahre Welt, und wenn wir bereit sind, die unsichtbaren Ebenen unseres Körpers zu erkunden, können wir uns mit der immensen schöpferischen Kraft verbinden, die in unserer Quelle ruht.

Lassen Sie mich im Folgenden die zehn Prinzipien des neuen Paradigmas vor dem Hintergrund dieses verborgenen Potenzials näher erläutern.

1. Es gibt keine vom Beobachter unabhängige, objektive Welt.

Die Welt, die Sie als real annehmen, scheint bestimmte Merkmale zu haben. Doch keines davon hat außerhalb Ihrer Wahrnehmung eine Bedeutung. Nehmen Sie zum Beispiel einen Klappstuhl. Aus Ihrer Sicht ist der Stuhl nicht sehr groß, doch aus der Perspektive einer Ameise ist er riesig. Aus Ihrer Sicht fühlt sich der Stuhl hart an, aber ein Neutrino flitzt durch ihn ungehindert hindurch, denn für ein subatomares Teilchen ist zwischen den Atomen jede Menge Platz. Auch alles andere, was Sie über den Stuhl aussagen könnten, sieht aus einer anderen Warte vollkommen anders aus.

Weil es in der materiellen Welt keine absoluten Eigenschaften gibt, ist es überhaupt falsch zu sagen, es gebe »da draußen« eine unabhängige Welt.

Alles, was »da draußen« ist, sind ungeformte Rohdaten, die darauf warten, von Ihnen, dem Beobachter, interpretiert zu werden. Kurz gesagt, keine der objektiven Tatsachen, auf denen unsere Sicht der Wirklichkeit beruht, ist wirklich haltbar.

Hunderte von Dingen, die Sie nicht beachten – Atmung, Verdauung, Zellerneuerung, Zellreparatur, Entgiftung, Hormonhaushalt, Umwandlung von Fetten in Blutzucker, Anpassung der Pupillen, Blutdruckregulation, Aufrechterhalten der Körpertemperatur, Balance beim Gehen, Blutversorgung der Muskeln sowie Wahrnehmung von Bewegungen und Geräuschen in Ihrer Umgebung –, finden unablässig statt.

Diese automatischen Prozesse spielen beim Altern eine enorme Rolle, denn Altern bedeutet auch, dass unsere Fähigkeit, diese Funktionen zu koordinieren, nachlässt. Wenn sie ein Leben lang unbewusst ablaufen, führt das zu zahlreichen Verfallsprozessen, die durch ein Leben der bewussten Anteilnahme vermieden werden können. Allein die bewusste Wahrnehmung von Körperfunktionen statt eines Ablaufs wie auf Autopilot hat Einfluss darauf, wie Sie altern. Jede sogenannte unwillkürliche Funktion, vom Herzschlag über die Atmung und die Verdauung bis zum Hormonhaushalt, kann bewusst gesteuert werden. Die Ära des Biofeedbacks und der Meditation hat es uns gelehrt. Infarktpatienten haben gelernt, ihren Blutdruck willentlich zu senken, und Patienten mit Magengeschwüren haben trainiert, die Säureproduktion im Magen zu drosseln. Es gibt Dutzende weiterer Beispiele dieser Art. Warum sollten wir diese Fähigkeit nicht auch aufs Altern anwenden? Warum nicht alte Wahrnehmungsmuster durch neue ersetzen? Wie Sie sehen werden, gibt es vielfältige Techniken, um das unwillkürliche Nervensystem zu unseren Gunsten zu beeinflussen.

2. Unser Körper besteht aus Energie und Information.

Um die Muster der Vergangenheit zu transformieren, muss man wissen, wie sie beschaffen sind. Ihr Körper scheint aus fester Materie zu bestehen, die sich aus einzelnen Molekülen und Atomen zusammensetzt. Die Quantenphysiker sagen uns jedoch, jedes Atom besteht zu über 99,9999 Prozent aus leerem Raum, und die subatomaren Teilchen, die sich mit Lichtgeschwindigkeit durch diesen Raum bewegen, sind eigentlich vibrierende Energiebündel.

Der wesentliche Stoff, aus dem das Universum besteht, ist nicht nur nicht stofflich, sondern äußerst ungewöhnlich nicht stofflich. Er ist denkender Nichtstoff. Die Leere in jedem Atom pulsiert mit einer unsichtbaren Intelligenz.

Genetiker verorten diese Intelligenz vor allem in der DNA, doch das dient nur der Bequemlichkeit. Das Leben entfaltet sich, wenn die DNA die in ihr kodierte Intelligenz an ihren aktiven Zwilling, die RNA, weitergibt; die RNA streut wiederum Intelligenz in den Zellen an Tausende von Enzymen aus, die dann ihr jeweiliges Stückchen Intelligenz nutzen, um Proteine herzustellen. An jedem Punkt dieser Kette müssen Energie und Informationen ausgetauscht werden, sonst entsteht aus lebloser Materie kein Leben.

So bewunderungswürdig diese Fülle intelligenter Details ist, so liegt ihr doch letztlich nur eine einzige Intelligenz zugrunde, an welcher der ganze Körper teilhat. Wenn wir altern, wird der Fluss dieser Intelligenz auf verschiedene Weise beeinträchtigt. Die spezifischen Intelligenzen des Immunsystems, des Nervensystems und des Drüsensystems fangen an zusammenzubrechen.

Altersbedingter Verfall wäre unvermeidlich, wenn der Körper nur aus Materie bestünde, weil alle materiellen Dinge der Entropie unterliegen, der natürlichen Tendenz geordneter Systeme, ungeordnet zu werden. Aber die Entropie betrifft nicht die Intelligenz – ein unsichtbarer Teil von uns entzieht sich dem Zahn der Zeit. Die moderne Wissenschaft ist gerade im Begriff, die Implikationen all dessen zu entdecken, doch die spirituellen Traditionen wissen darum seit Jahrhunderten, wie wir an ihren Meistern sehen, die sich bis ins hohe Alter einen jugendlichen Körper bewahrt haben.

In Indien wird der Fluss dieser Intelligenz »Prana« genannt, was gewöhnlich mit »Lebenskraft« übersetzt wird. Prana kann willentlich gesteigert oder verringert, gezielt bewegt und zum Wohl des Körpers manipuliert werden.

3. Geist und Körper sind untrennbar eins.

Die Intelligenz ist sehr viel beweglicher als die Maske der Stofflichkeit, hinter der sie sich verbirgt. Die Intelligenz kann sich in Form von Gedanken oder in Form von Molekülen ausdrücken. Eine grundlegende Emotion wie Angst lässt sich als abstraktes Gefühl oder als greifbares Adrenalin-Molekül beschreiben. Ohne das Gefühl gibt es kein Adrenalin-Hormon; ohne Adrenalin-Hormon gibt es das Gefühl nicht. Die Revolution der sogenannten Geist-Körper-Medizin beruht auf der simplen Entdeckung: Mit jedem Gedanken geht eine chemische Substanz einher.

Die Medizin beginnt gerade erst, diese Verbindung zwischen Geist und Körper zur Heilung zu nutzen. Die Schmerztherapie ist dafür ein gutes Beispiel. Nach Einnahme eines Placebos, einer Zuckerpille, erfahren 30 Prozent der Patienten die gleiche Schmerzlinderung wie nach der Einnahme des echten Medikaments. Doch der Geist-Körper-Effekt ist viel ganzheitlicher. Ein und dasselbe Scheinmedikament kann eingesetzt werden, um Schmerzen zu lindern, die Magensäuresekretion bei Magengeschwür-Patienten einzudämmen, den Blutdruck zu senken oder Tumore zu bekämpfen.

Wenn die gleiche »wirkungslose« Pille zu so unterschiedlichen Reaktionen führen kann, müssen wir den Schluss ziehen, dass der Körper fähig ist, jedwede chemische Reaktion zu produzieren, wenn er vom Geist dazu angeregt wird. Die Pille selbst hat keine Bedeutung, der Placebo-Effekt entsteht allein durch die Kraft der Überzeugung. Aus der Überzeugung geht die Absicht des Körpers hervor, sich zu heilen. Warum sollte man also nicht einfach die Täuschung durch die Zuckerpille umgehen und direkt bei der Überzeugung ansetzen? Könnten wir die Absicht, nicht zu altern, wirkungsvoll auslösen, dann würde der Körper sie automatisch ausführen.

Das Nachlassen der Körperkraft im Alter entsteht wesentlich durch die Erwartung, dass die Kräfte abnehmen. Die Menschen haben sich unwissentlich eine selbstzerstörerische Absicht in Form einer starken Überzeugung eingepflanzt, die durch die Körper-Geist-Verbindung getreulich ausgeführt wird. Lange bevor Sie alt werden, können Sie diese Schäden vermeiden, indem Sie Ihren Geist durch die Kraft Ihrer Absicht bewusst darauf programmieren, jung zu bleiben.

4. Die Biochemie des Körpers ist ein Produkt des Bewusstseins.

Eine der bedeutsamsten Einschränkungen des alten Paradigmas war die Annahme, das Bewusstsein eines Menschen sei für die Erklärung der Vorgänge in seinem Körper irrelevant.

Doch der Prozess der Heilung ist nur zu verstehen, wenn auch die Überzeugungen, Annahmen, Erwartungen und das Selbstbild des Betreffenden verstanden werden.

Obwohl das Bild des Körpers als einer geistlosen Maschine weiterhin in der westlichen Schulmedizin vorherrscht, gibt es unwiderlegbare Beweise für das Gegenteil. Krebs und Herzkrankheiten führen bei Menschen, die unter psychischem Stress leiden, deutlich häufiger zum Tod als bei Menschen, die ihr Leben als sinnvoll empfinden und sich grundsätzlich wohlfühlen.

Das neue Paradigma zeigt uns, dass Emotionen keine flüchtigen, isolierten Mental-Ereignisse sind, sondern Ausdruck von Bewusstsein, dem grundlegenden Stoff des Lebens.

Das Bewusstsein spielt beim Alterungsprozess eine enorme Rolle: Obwohl jede höher entwickelte Lebensform altert, wissen wir Menschen doch als Einzige, was uns widerfährt, und dieses Wissen wirkt sich aufs Altern aus. Wer darüber verzweifelt, dass er älter wird, altert schneller, doch wer es mit Anmut hinnimmt, kann so manches körperliche und mentale Elend von sich fernhalten. Die Volksweisheit »Man ist so alt, wie man sich fühlt« birgt eine tiefe Wahrheit.

5. Wahrnehmung ist etwas Erlerntes.

Die Wahrnehmung von Liebe, Hass, Freude und Widerwillen stimulieren den Körper in extrem unterschiedliche Richtungen. Kurz gesagt, sind unsere Körper das physische Ergebnis all der Interpretationen, die wir uns seit unserer Geburt angeeignet haben.

Ihre Zellen verarbeiten ständig Erfahrungen und verstoffwechseln sie entsprechend Ihren persönlichen Ansichten; Sie leiten nicht einfach Rohdaten durch Ihre Augen und Ohren und drücken ihnen dann Ihr Urteil auf – Sie werden sogar körperlich zu der Deutung, die Sie verinnerlicht haben. Wer darüber niedergeschlagen ist, seinen Job verloren zu haben, projiziert diese Traurigkeit überall in seinen Körper: Im Gehirn werden weniger Neurotransmitter ausgeschüttet, der Hormonspiegel sinkt, der Schlafzyklus kommt durcheinander, die Neuropeptidrezeptoren auf der Oberfläche der äußeren Hautzellen verändern sich, die Blutplättchen werden klebriger und neigen mehr zum Verklumpen und sogar die Tränen enthalten eine andere chemische Zusammensetzung als Freudentränen.

Dieses ganze biochemische Profil verändert sich dramatisch, wenn der Betroffene eine neue Arbeit findet, und wenn es darüber hinaus noch eine befriedigende Tätigkeit ist, wird sich in all seinen Körperprozessen – von der

Neurotransmitter-Ausschüttung über die Hormone, die Rezeptoren und die vielen anderen wichtigen Biochemikalien – diese Wendung zum Besseren widerspiegeln.
Es gibt keine vom Bewusstsein unabhängige Biochemie. Jede Zelle in Ihrem Körper nimmt wahr, wie Sie denken und was Sie von sich halten. Sobald Sie diese Tatsache einmal akzeptiert haben, löst sich die ganze Illusion, wir seien Opfer von geistlosen, willkürlich verfallenden Körpern, einfach auf.

6. Intelligenzimpulse erschaffen den Körper in jeder Sekunde in neuen Formen.

Den Körper in neuen Formen zu erschaffen, ist notwendig, um den wechselnden Anforderungen des Lebens gerecht zu werden.

Solange neue Eindrücke in Ihr Gehirn eingehen, kann der Körper auf neue Weise darauf reagieren. Neues Wissen, neue Fertigkeiten und neue Sichtweisen halten Körper und Geist in Bewegung, und solange dies geschieht, kann die natürliche Neigung, in jeder Sekunde neu zu sein, zum Ausdruck gelangen.

Statt der Überzeugung, Ihr Körper verfalle mit der Zeit, können Sie die Überzeugung nähren, dass Ihr Körper sich in jedem Augenblick erneuert. Statt der Überzeugung, Ihr Körper sei ein geistloser Apparat, können Sie die Überzeugung stärken, dass Ihr Körper von einer tiefen Intelligenz des Lebens durchdrungen ist, deren einziger Zweck darin besteht, Sie zu erhalten.

Diese neuen Überzeugungen machen nicht nur das Leben angenehmer – sie sind auch wahr: Durch Ihren Körper erfahren Sie Lebensfreude.

Da liegt der Schluss nahe, dass unsere Körper nicht gegen uns sind, sondern das Gleiche wollen wie wir.

7. Entgegen dem Anschein, wir seien voneinander getrennte Einzelwesen, sind wir alle mit Intelligenzmustern verbunden, die den Kosmos steuern.

Sie und Ihre Umgebung sind eins! Wenn Sie sich dafür entscheiden, können Sie sich in einem Zustand der Einheit erfahren – Einheit mit allem, womit Sie in Kontakt kommen.

Im gewöhnlichen Wachbewusstsein berühren Sie mit Ihrem Finger eine Rose. Sie erscheint Ihnen als fest, aber tatsächlich nimmt ein Bündel von Energie und Information – Ihr Finger – mit einem anderen Bündel von Energie und Informationen – der Rose – Kontakt auf. Ihr Finger und das, was er berührt, sind nur winzige Ausformungen des unendlichen Feldes, das wir »Universum« nennen. Im Einheitsbewusstsein wird alles, was »da draußen« ist – Menschen, Dinge, Ereignisse –, zu einem Bestandteil Ihres Körpers, ja Sie sind eigentlich nur ein Spiegel all der auf diese Einflüsse ausgerichteten Beziehungen.

Die Möglichkeit, Einheit zu erfahren, hat ungeheure Auswirkungen auf das Altern: Wenn zwischen Ihnen und Ihrem erweiterten Körper eine harmonische Wechselwirkung besteht, fühlen Sie sich fröhlich, gesund und jugendlich. Betrachten wir uns als getrennt, erzeugen wir hingegen Chaos und Unordnung zwischen uns und al-

lem »da draußen«. Dann bekriegen wir uns mit anderen Menschen und zerstören die Umwelt.
Was uns altern lässt, ist weniger der Stress an sich als die Wahrnehmung von Stress.
Wer die Welt »da draußen« nicht als bedrohlich empfindet, kann mit seiner Umgebung leben, ohne durch die Stressreaktion Schaden zu nehmen. In vieler Hinsicht ist dies das Wichtigste, was Sie tun können, um eine Welt ohne Altern zu erfahren: Machen Sie sich immer wieder bewusst, dass Sie die Welt sind.

*8. Die Zeit ist nicht absolut –
die Wirklichkeit, die allem zugrunde liegt,
ist ewig, und was wir »Zeit« nennen,
ist in Wahrheit »gequantelte« Ewigkeit.*

Auch wenn unsere Körper und die ganze physische Welt ständig Veränderung zur Schau stellen, besteht die Wirklichkeit nicht nur aus Prozessen. Das Universum wurde geboren und entwickelt sich. Vor dem Urknall existierten Raum und Zeit, wie wir sie kennen, jedoch noch nicht. Die ganze Vorstellung von Zeit als einem Pfeil, der unaufhaltsam vorwärtsschießt, wurde für immer zunichte gemacht, als die komplexen Geometrien der Quantenphysik bewiesen, dass es multidimensionale Strings und Schleifen gibt, die die Zeit in alle Richtungen tragen und sogar zum Stillstand bringen können.

Das einzige Absolute, was uns geblieben ist, ist die Zeitlosigkeit, denn jetzt erkennen wir, dass unser ganzes Universum nur ein einziges Ereignis ist, das aus einer größeren Wirklichkeit hervorgeht. Was wir als Sekunden, Minuten, Stunden, Tage und Jahre wahrnehmen, sind nur Teilstücke dieser größeren Wirklichkeit. Es liegt an Ihnen – dem Beobachter –, in welcher Art Sie die Zeitlosigkeit aufteilen möchten. Ihr Bewusstsein erzeugt die Zeit, die Sie erfahren.

9. Jeder von uns lebt jenseits allen Wandels in einer Wirklichkeit des Nicht-Wandels. Die Erfahrung dieser Wirklichkeit ermöglicht uns, den Wandel zu kontrollieren.

Im Augenblick können Sie Ihre Körperlichkeit nur innerhalb der Zeit aufrechterhalten. Die Tatsache, dass Zeit an das Bewusstsein gebunden ist, impliziert jedoch, dass Sie auch in einem ganz anderen Kontext funktionieren könnten: in der Physiologie der Unsterblichkeit, also im Erfahrungsraum des Nicht-Wandels.

Das »Ich«, das sich vor Schlangen fürchtet, hat diese Angst irgendwann in der Vergangenheit gelernt. Alle meine Reaktionen sind Teile des zeitgebundenen Selbst und seiner Neigungen. Doch auf einer subtilen Ebene spüren wir alle, dass sich etwas in uns kaum, wenn überhaupt, verändert hat, seit wir Kinder waren.

Dieses unwandelbare »Ich«, das die alten indischen Weisen das »Selbst« nannten, ist der eigentliche Bezugspunkt meiner Erfahrungen. Im Einheitsbewusstsein lässt sich die Welt als ein Fluss des Geistes bezeichnen, was dasselbe ist wie Bewusstsein. Unser ganzes Ziel liegt darin, eine unmittelbare Beziehung zum Selbst als spirituellem Geist zu entwickeln.

*10. Wir sind keine Opfer von Alter,
Krankheit und Tod. Diese Phänomene sind
Teil des Bühnenbilds, nicht des Sehenden,
der vom Wandel unberührt bleibt.*

Das Leben in seinem Ursprung ist Schöpfung. Wenn Sie mit Ihrer eigenen inneren Intelligenz in Kontakt kommen, berühren Sie den kreativen Kern des Lebens.

Im alten Paradigma hat man die Steuerung des Lebens der DNA zugeschrieben, einem enorm komplexen Molekül, das den Genetikern erst etwa ein Prozent seiner Geheimnisse enthüllt hat. Im neuen Paradigma liegt die Steuerung des Lebens im Bewusstsein.

Die Milliarden von Veränderungen, die in unseren Zellen vor sich gehen, sind nur veränderliche Bühnenbilder des Lebens; hinter ihnen steht der Sehende, der die Quelle des Bewusstseinsstromes repräsentiert.

Alles, was ich erfahren kann, beginnt und endet mit Bewusstsein. Jeder Gedanke, jedes Gefühl, das meine Aufmerksamkeit erregt, ist ein winziges Bruchstück des Bewusstseins. Alle Ziele, die ich mir setze, und alle Erwartungen ereignen sich im Bewusstsein.

Durch die Lücken in unserem Wissen um uns selbst werden wir zu Opfern von Krankheit, Alter und Tod. Die Bewusstheit zu verlieren bedeutet, Intelligenz zu verlieren; Intelligenz zu verlieren bedeutet, die Kontrolle über das Endprodukt der Intelligenz zu verlieren, über den

menschlichen Körper. Die wertvollste Lektion des neuen Paradigmas lautet daher:
Wenn wir unseren Körper verändern wollen, müssen wir zuerst unser Bewusstsein verändern.
Unsere angstvollen Bilder vom Altern haben zusammen mit vielen Erkrankungen und Gebrechen der Älteren dazu geführt, dass wir düstere, sich selbst erfüllende Erwartungen entwickelt haben. Das Altern passte zu einem Bild der Natur, in der sich alles verändert und irgendwann verfällt und stirbt. Doch es passt nicht mehr zu einer Welt, die aus einem endlosen Strom sich ständig selbst erneuernder, allgegenwärtiger Intelligenz besteht. Es liegt bei Ihnen, welche Sichtweise Sie sich zu eigen machen.
Die Energie, Information und Intelligenz, die sich in der Existenz eines einzelnen Menschen konzentriert, hat keine Begrenzung. Die Leere im Kern jedes Atoms ist der Mutterleib des Universums; im ersten Schimmer eines Gedankens, wenn zwei Neuronen miteinander in Wechselwirkung treten, liegt die Chance für die Geburt einer neuen Welt.
Dieses Buch handelt von der Erforschung der Stille, in welcher der Atem der Zeit nicht für immer verweht, sondern sich nur erneuert. Erkunden Sie das Land, in dem niemand alt ist; es liegt nirgendwo anders als in Ihnen selbst.

Die praktische Umsetzung

Wie Sie Ihren Körper neu bestimmen können

Der erste Schritt zu einer anderen Erfahrung Ihres Körpers besteht darin, ihn anders zu interpretieren. Versuchen Sie, die Annahme loszulassen, Ihr Körper altere, weil die Dinge nun mal so sind. Sie können Ihren tiefen Glauben ans Altern, an Krankheit und Tod würdigen und ihn gleichzeitig einen Augenblick lang beiseitelegen. Die Quanten-Weltanschauung oder das neue Paradigma lehrt uns, dass wir unsere Körper ständig erschaffen und wieder auflösen. Hinter der Illusion, unser Körper sei ein festes, stabiles Objekt, wird deutlich, dass er ein Prozess ist, und solange dieser Prozess auf Erneuerung ausgerichtet ist, bleiben die Zellen des Körpers neu, egal wie viel Zeit verstreicht oder wie sehr wir der Entropie ausgesetzt sind.

Um einen erneuerten Körper zu haben, müssen Sie sich auf neue Wahrnehmungen einlassen, die zu anderen Lösungen führen. Übungen können Ihnen helfen, sich für neue Wahrnehmungen zu öffnen. Idealerweise werden im Lauf aller folgenden Übungen Wissen und Erfahrung miteinander verschmelzen – das Zeichen, dass Sie Ihre alte Weltanschauung durch die neue ersetzt haben.

Erste Übung:
Die Maske der Materie durchschauen

Der wichtigste Schritt zur Erfahrung eines alterslosen Körpers geht dahin, die Wahrnehmungen aufzulösen, die Sie in Gefühlen der Isolation, Fragmentierung und Getrenntheit festhalten. Schauen wir mal, ob wir über die sinnliche Wahrnehmung hinaus zu einer Ebene transzendentaler Erfahrung gelangen können, die letztlich wirklicher ist als die Welt der Sinne.

Betrachten Sie Ihre Hand und studieren Sie sie genau. Dies ist die Hand, von der Ihnen Ihre Sinne berichten, ein materielles Ding aus Fleisch und Blut. In dieser ersten Übung wollen wir versuchen, Ihre Hand »aufzutauen« und Ihnen eine Erfahrung Ihrer Hand zu verschaffen, die über Ihre gewöhnlichen Sinne hinausgeht. Behalten Sie innerlich das Bild Ihrer Hand vor sich und stellen Sie sich vor, dass Sie sie durch ein starkes Mikroskop betrachten, dessen Linse Sie tief ins Gewebe von Materie und Energie schauen lässt. Sie sehen nicht mehr glattes Fleisch, sondern durch Bindegewebe lose verbundene Zellen. Bei noch näherer Betrachtung können Sie die einzelnen Atome erkennen – Wasserstoff, Kohlenstoff, Sauerstoff und so weiter –, die überhaupt nicht mehr fest sind, sondern als vibrierende Schattenspiele erscheinen.

Sie sind jetzt an der Grenze zwischen Materie und Energie angelangt, denn die subatomaren Teilchen, aus denen jedes Atom besteht – wirbelnde Elektronen, die um einen Kern aus Protonen und Neutronen tanzen –, sind keine punktuelle Materie mehr. Auf dieser Ebene sehen Sie, dass alle Dinge, die Sie sonst für fest halten, eigentlich nur Energiespuren sind.

Jetzt sinken Sie noch tiefer in den Quantenraum. Alles Licht verschwindet, es herrscht nur noch gähnende schwarze Leere. Die Dunkelheit schließt sich um Sie. Jetzt sind nicht nur Materie und Energie verschwunden, sondern auch Zeit und Raum.

Sie haben Ihre Hand als Raum-Zeit-Ereignis hinter sich gelassen. Auf dieser Ebene gibt es kein »Vorher« oder »Nachher« mehr. Sie sind überall und nirgends.

Hat Ihre Hand jetzt aufgehört zu existieren? Nein, denn indem Sie die Schwelle zur vierten Dimension überschritten, sind Sie nirgendwo anders hingegangen; Sie haben einfach den Wirkungsbereich von Zeit und Raum hinter sich gelassen. All die gröberen Ebenen der Wahrnehmung stehen Ihnen nach wie vor zur Verfügung. Ihre Hand existiert immer noch auf all den Ebenen, die Sie durchschritten haben – den Ebenen der Quanten, der subatomaren Teilchen, der Atome, Moleküle, Zellen –, alles ist durch die unsichtbare Intelligenz verbunden mit dem Ort, an dem Sie sich gerade befinden.

Betrachten Sie Ihre Hand jetzt mit einem neuen Verständnis: Sie ist der Ausgangspunkt für einen Schwindel erregenden Abstieg in den Tanz des Lebens, bei dem die Tänzer verschwinden, wenn man ihnen zu nahe kommt, und die Musik in der Stille der Ewigkeit verhallt. Der Tanz dauert für immer, und der Tanz sind Sie.

Zweite Übung: Die Lücke schließen

Nachdem wir mit der Ebene des Quantenraums in Berührung gekommen sind, der aller physischen Existenz zugrunde liegt, möchte ich Ihnen helfen, sich dort wohler zu fühlen.

Stellen Sie sich zwei Kerzen vor, die etwa einen Meter voneinander entfernt vor Ihnen auf einem Tisch stehen. Für Ihre Augen erscheinen sie getrennt und unabhängig voneinander, doch das Licht, das von ihnen ausgeht, erfüllt den Raum mit Photonen; der ganze Raum zwischen ihnen wird von Licht überbrückt, daher gibt es auf der Quantenebene keine wirkliche Trennung zwischen ihnen. Jetzt tragen Sie eine der Kerzen nach draußen. Es ist Nacht, Sie halten die Kerze hoch und sehen sie vor dem Hintergrund des Sternenhimmels. Die winzigen Lichtpünktchen am Himmel mögen Milliarden von Lichtjahren von Ihnen entfernt sein, doch auf der Quantenebene ist jeder Stern mit Ihrer Kerze genauso verbunden wie die andere Kerze im Zimmer. Der unendliche Raum zwischen beiden enthält Energiewellen, die sie verbinden.

Wenn Sie die Kerze und die fernen Sterne betrachten, treffen von beiden Licht-Photonen auf Ihre Netzhaut. Dort lösen sie eine elektrochemische Entladung aus, Impulse, die einer anderen Schwingungsfrequenz angehören als sichtbares Licht und doch Teil desselben elektromagnetischen Feldes sind. So sind Sie eine weitere Kerze – oder ein Stern –, deren lokale Konzentration von Materie und Energie auch nur eine Ausformung des unendlichen Feldes ist, das Sie umgibt und erhält.

Vergegenwärtigen Sie sich diese organische Verbindung zwischen allem, was existiert.

Die Lektionen dieser Übung lauten:

- Unabhängig davon, wie getrennt etwas den Sinnen erscheinen mag – auf der Quantenebene ist nichts voneinander getrennt.

⌒ Das Quantenfeld existiert in, um und durch Sie. Sie betrachten das Feld nicht – in jeder Welle und in jedem Teilchen ist das Feld Ihr erweiterter Körper.

⌒ Jede Ihrer Zellen ist eine lokale Konzentration von Information und Energie innerhalb der Gesamtheit von Information und Energie Ihres Körpers. In derselben Weise sind Sie eine lokale Konzentration von Information und Energie innerhalb der Ganzheit, die der Körper des Universums darstellt.

Dritte Übung:
Das Feld atmen

Das Quantenfeld transzendiert jede Wirklichkeit, und doch ist es aufs Innigste mit Ihrer Erfahrungswelt verknüpft. Ereignisse wie das Suchen eines Begriffs in Ihrem Gedächtnis, das Empfinden einer Emotion oder das Erfassen eines Konzepts verändern jeweils das gesamte Feld.

Auf einer subtilen Ebene schlägt sich jeder physiologische Prozess im Gewebe der Natur nieder. Anders gesagt: Je verfeinerter ein Prozess ist, desto mehr ist er mit der grundlegenden Aktivität des Kosmos verbunden.

Hier folgt eine einfache Atemübung, durch die dieses Phänomen erstaunlich lebendig erfahrbar wird:

Setzen Sie sich bequem auf einen Stuhl und schließen Sie die Augen. Atmen Sie sanft und langsam durch Ihre Nase ein und stellen Sie sich dabei vor, dass Sie die Luft von einem unendlich weit entfernten Punkt herholen.
Jetzt atmen Sie langsam und entspannt aus und senden jedes Atom Ihrer Atemluft zurück zu seiner unendlich weit entfernten Quelle. Vielleicht hilft es Ihnen, sich ein Band oder einen Faden vorzustellen, der von Ihnen bis zu den entferntesten Regionen des Kosmos reicht; oder Sie visualisieren einen Stern vor sich, der aus unendlichen Fernen sein Licht zu Ihnen schickt – und stellen sich dabei den Anfangspunkt des Fadens oder den Stern als die Quelle Ihrer Atemluft vor. Und wenn Sie nicht gut visualisieren können, machen Sie sich keine Sorgen: Behalten Sie während des Atmens einfach den Begriff »UNENDLICH« in Ihrem Fokus. Es geht darum, zu spüren, wie die Luft jedes Atemzugs aus dem Quantenfeld kommt – was sich auf einer subtilen Ebene ja gerade ereignet.
Die Wiederbelebung Ihrer Erinnerung an Ihre Verbindung mit dem Quantenfeld wird in Ihrem Körper die Erinnerung an Erneuerung wachrufen.

Vierte Übung:
Umdefinieren

Nachdem Sie sich bewusst geworden sind, dass Ihr Körper keine in Raum und Zeit isolierte Skulptur ist, können Sie sich neu definieren, indem Sie die folgenden Aussagen still wiederholen:

Ich kann die Macht meines Bewusstseins einsetzen, um einen Körper zu erfahren, der ...

- ... *fließend ist statt fest*
- ... *beweglich statt steif*
- ... *aus Quanten besteht statt aus Materie*
- ... *dynamisch ist statt statisch*
- ... *aus Information und Energie besteht statt aus zufälligen chemischen Reaktionen*
- ... *ein intelligentes Netzwerk ist statt eine geistlose Maschine*
- ... *sich ständig selbst erneuert statt zu altern und zu verfallen*
- ... *zeitlos ist statt zeitgebunden*

Einige andere nützliche Aussagen zur Neudefinition lauten:

- *Ich bin nicht meine Atome, sie kommen und gehen.*

- *Ich bin nicht meine Gedanken, sie kommen und gehen.*

- *Ich bin nicht mein Ego; mein Selbstbild verändert sich.*

- *Was ich bin, geht über all das hinaus; ich bin der Zeuge, der Interpret, das Selbst hinter dem Selbstbild. Dieses Selbst ist alterslos und zeitlos.*

Wenn Ihnen das Altern einfach widerfährt, sind Sie ein Opfer. Ist Altern dagegen etwas, das Sie gelernt haben, können Sie das Verhalten, das Sie altern lässt, auch wieder verlernen; dann können Sie sich neue Überzeugungen aneignen und neue Chancen wahrnehmen.
Leben ist Bewusstsein in Aktion. Ungeachtet der Tausende von stundenlangen alten Bänder, auf denen unsere Reaktionen programmiert sind, leben wir immer wieder weiter, weil das Bewusstsein neue Wege findet, um zu fließen. Die positive Seite des Bewusstseins – seine Fähigkeit zur Heilung – steht immer zur Verfügung.

Lernen, nicht zu altern

Der Zusammenhang zwischen Biologie und Überzeugung

Das Bewusstsein wird auf vielfältige Weise programmiert, doch besonders stark wirken die Überzeugungen. Im Gegensatz zu Gedanken, die sich meistens zu Bildern oder Worten formen, finden Überzeugungen in der Regel unbemerkt statt.

Ein Mensch, der unter Klaustrophobie leidet, braucht nicht zu denken: »Dieser Raum ist zu klein.« Sobald er in einen kleinen Raum gerät – womöglich noch mit mehreren Menschen –, reagiert sein Körper automatisch. Irgendwo in seinem Bewusstsein gibt es eine verborgene Überzeugung, die all die Körpersymptome der Angst in Gang setzt, ohne dass er bewusst daran denken müsste. Menschen, die unter Phobien leiden, kämpfen oft verzweifelt darum, ihre Ängste durch Gedanken zu vertreiben, aber ohne Erfolg. Die Gewohnheit der Angst sitzt so tief, dass der Körper sie ausführt, selbst wenn der Geist versucht, ihr mit aller Kraft zu widerstehen.

Unsere Überzeugungen vom Altern haben genau dieselbe Art von Macht über uns. Lassen Sie es mich an einem Beispiel darlegen:

Kühne Gerontologen der Tufts University stellten aus den gebrechlichsten Bewohnern eines Seniorenheims eine Versuchsgruppe zusammen, die ein regelmäßiges Krafttraining durchführten. Innerhalb von acht Wochen waren verkümmerte Muskeln um 300 Prozent gestärkt, die Koordination und das Gleichgewicht hatten sich verbessert und ein allgemein aktives Lebensgefühl war zurückgekehrt. Einige der Versuchspersonen konnten vorher nicht mehr ohne Hilfe gehen und waren jetzt in der Lage, nachts eigenständig zur Toilette zu gehen – ein Akt wiedergewonnener Würde, der nicht zu unterschätzen ist. Diese Leistungen waren wirklich wundersam angesichts der Tatsache, dass die Altersspanne zwischen 87 und 96 lag.

Solche Erfolge sind immer möglich; den Fähigkeiten des menschlichen Körpers wurde hier nichts hinzugefügt. Es änderte sich lediglich eine Überzeugung, und damit wandelte sich auch der Alterungsprozess. Wenn man 96 Jahre alt ist und Angst hat, seinen Körper zu bewegen, wird er dahinsiechen.

In den letzten drei Jahrzehnten hat sich unsere Einstellung zum Alter drastisch verändert. Anfang der Siebzigerjahre wurden die Ärzte auf Patienten aufmerksam, die über sechzig und über siebzig waren und deren Körper immer noch über die Spannkraft und Gesundheit eines Menschen mittleren Alters verfügte. Diese Leute aßen vernünftig und kümmerten sich um ihren Körper. Sie wiesen zwar einige Merkmale des Alterns auf – ihr Blutdruck oder ihr Cholesterinspiegel waren leicht erhöht, sie neigten dazu, mehr Körperfett zu bilden, weitsichtig zu werden und nicht mehr ganz so gut zu hören –, doch insgesamt wirkten sie nicht alt.
Das »New Old Age« war geboren: Es betrat die Bühne, nachdem die Amerikaner ein halbes Jahrhundert lang unter sehr viel günstigeren Lebensumständen und mit besserer ärztlicher Versorgung gelebt hatten. Die durchschnittliche Lebenserwartung der Amerikaner hatte sich von 49 Jahren um die Jahrhundertwende bis 1990 auf 75 Jahre verlängert.
Um diesen enormen Zuwachs ins rechte Licht zu rücken, muss man sich klarmachen, dass die zusätzlichen Lebensjahre, die wir in weniger als einem Jahrhundert hinzugewonnen haben, der gesamten Lebensspanne entsprechen, die mehr als 4000 Jahre lang üblich war: Seit vorgeschichtlicher Zeit bis zum Beginn der industriellen Revolution lag die durchschnittliche Lebenserwartung unter 45 Jahren. Nur 10 Prozent der Bevölkerung er-

reichten das 65. Lebensjahr. Heute leben 80 Prozent der Bevölkerung mindestens so lange.
Die bisherige statistische Forschung hat etwas Wertvolles gezeigt: Das biologische Alter steht unter dem Einfluss des psychologischen Alters.
Wenn Sie Ihr Innenleben pflegen, nutzen Sie die Macht des Bewusstseins, um das Altern bereits an der Wurzel zu besiegen. Dagegen treiben Veränderungen des Bewusstseins in Richtung Apathie, Hilflosigkeit und Unzufriedenheit den Körper in den beschleunigten Verfall.
1957 hat die Medizinprofessorin Flanders Dunbar von der Columbia University eine Studie über Hundertjährige und »rüstige Neunzigjährige« durchgeführt. Sie stellte fest, dass sich diese Menschen in Stresssituationen durch eine hohe psychische Anpassungsfähigkeit auszeichneten. Obwohl jeder einmal Situationen des Kummers, des Schreckens, der Trauer und der Enttäuschung erlebt, kommen manche doch schneller darüber hinweg als andere. Manche Menschen erweisen sich auf ihrer Lebensreise, so beschwerlich sie auch sein mag, belastbarer als andere. Sie sind wie Schilfrohre, die sich im Sturm biegen, nicht wie starre Eichen, die darunter zerbrechen.

Der gemeinsame Faktor aller anpassungsfähigen Menschen heißt: Sie arbeiten täglich daran, ihr Bewusstsein offen zu halten. Der größte Teil dieses Buches ist dieser Aufgabe gewidmet, denn ich meine, es gibt keinen höheren Lebenszweck, als das Bewusstsein immer weiter zu öffnen, bis die Wirklichkeit in der ganzen Wucht ihrer Schönheit, Wahrheit, Geheimnisfülle und Heiligkeit bewusst erfahren wird.

Die Erweiterung des Bewusstseins

In unserer Gesellschaft nehmen wir jeden Tag Hunderte von Tipps auf, wie wir leben sollten, und doch lehrt uns die Erfahrung, dass die wirklich wichtigen Hinweise von innen kommen. Die meisten Menschen, die auf angenehme Weise altern, folgen ihrem Instinkt und finden heraus, was für sie gut funktioniert. Die Tatsache, dass erfolgreiches Überleben eine derart individuelle Angelegenheit ist, ist von höchster Bedeutung.

Um die Kontrolle über das Altern zu gewinnen, muss man sich zunächst dieses Prozesses bewusst werden. Dieses Bewusstsein ist bei keinen zwei Menschen gleich. Nur in der Abwesenheit von bewusster Wahrnehmung – wenn wir also nichts bemerken – geraten die physiologischen Prozesse außer Kontrolle.

Sobald Sie Ihre Aufmerksamkeit auf eine bestimmte Funktion lenken, ereignet sich eine Transformation.

Sooft Sie Ihren Bizeps trainieren, lehren Sie ihn, kräftiger zu werden, und Ihr Gehirn, Ihre Lungen, Ihr Herz, Ihre Drüsen und sogar Ihr Immunsystem stellen sich auf einen neuen Funktionsmodus ein. Bewegen Sie hingegen Ihren Körper ohne Bewusstheit, tritt Passivität an die Stelle des Lernens. Im Lauf der Zeit verlieren Bizeps, Herz, Lunge, Drüsen und Immunsystem ihre Funktionsfähigkeit, statt sie zu erweitern.

Wenn der bewusste Prozess lange trainiert wird, wird er zur Gewohnheit, während die unbewusste Wiederholung zerstörerische Muster fördert, und wenn kein neues Lernen stattfindet, wird die Trägheit den Körper Jahr für Jahr weiter bergabwärts gleiten lassen.

Bei den folgenden Übungen wollen wir erkunden, wie Sie die Macht der Bewusstheit zu Ihrem Wohl nutzen können, denn wenn wir unser Bewusstsein nicht bewusst formen, bleibt es in den alten Konditionierungen stecken, die den Alterungsprozess erzeugen.

Die praktische Umsetzung

Wie Sie die Macht des Bewusstseins nutzen können

Die folgenden Übungen sollen Ihnen beweisen, dass Sie den Energie- und Informationsfluss in Ihrem Körper bewusst steuern können. Damit fangen Sie an, die Aufmerksamkeit zu lenken und Absichten auszuführen. In späteren Abschnitten kommen wir noch zu tieferen, kraftvolleren Techniken, aber auch schon auf dieser Ebene sind die Verbindungen, die zwischen Geist und Körper hergestellt werden, äußerst hilfreich, um die alten Muster des Alterungsprozesses aufzubrechen.

Erste Übung:
Dem Körper Beachtung schenken

Zuerst üben Sie, Ihre Aufmerksamkeit zwanglos in jeden Bereich Ihres Körpers zu lenken. Allein durch diese Aufmerksamkeit lösen sich tiefe Anspannungen. Ihr Körper verlangt wie ein Kind nach Aufmerksamkeit und fühlt sich geborgen, wenn er sie erhält.

Wählen Sie einen ruhigen Raum, damit Sie ungestört bleiben. Setzen Sie sich mit geschlossenen Augen auf einen bequemen Stuhl oder legen Sie sich hin. Lenken Sie Ihre Aufmerksamkeit auf die Zehen des rechten Fußes: Krümmen Sie sie Richtung Boden, bis sie angespannt sind, lassen Sie dann die Spannung los und spüren Sie die Entspannung, die sich jetzt in den Zehen ausbreitet. Beeilen Sie sich weder beim Anspannen noch beim Loslassen; nehmen Sie sich Zeit, zu spüren, was vor sich geht. Stoßen Sie dann einen langen, tiefen Seufzer aus, als würden Sie aus Ihren Zehen ausatmen, und lassen Sie mit dem Ausatmen alle darin gespeicherte Müdigkeit und Anspannung entweichen.
Wenn Sie diese Grundtechnik beherrschen, richten Sie Ihre Aufmerksamkeit in der nachfolgend beschriebenen Reihenfolge auf alle Teile Ihres Körpers. Denken Sie daran: Es handelt sich hier nicht nur um eine Technik zur Muskelentspannung; Ihre Aufmerksamkeit sollte an

der jeweiligen Stelle Ihres Körpers auf angenehme Weise nachklingen dürfen.

- *Rechter Fuß:* Zehen, Fußoberseite, Fußsohle, Knöchel (zwei Stufen: erst rückwärts beugen, dann vorwärts)
- *Linker Fuß:* Zehen, Fußoberseite, Fußsohle, Knöchel (zwei Stufen: erst rückwärts beugen, dann vorwärts)
- *Rechte Gesäßhälfte und Oberschenkel*
- *Linke Gesäßhälfte und Oberschenkel*
- *Bauchmuskeln* (Zwerchfell)
- *Unterer Rücken, oberer Rücken*
- *Rechte Hand:* Finger, Handgelenk (zwei Stufen: erst rückwärts biegen, dann vorwärts)
- *Linke Hand:* Finger, Handgelenk (zwei Stufen: erst rückwärts biegen, dann vorwärts)
- *Schultern* (zwei Stufen: erst nach vorne bewegen, dann hochziehen)
- *Hals* (zwei Stufen: erst vorwärts beugen, dann rückwärts)
- *Gesicht* (zwei Stufen: erst alle Muskeln zu einer Grimasse anspannen, dann Brauen und Stirn anspannen)

Ein kompletter Durchgang in der beschriebenen Art dauert etwa 15 Minuten. Falls Sie unter Zeitdruck stehen, bietet sich eine Kurzform an: *Zehen, Zwerchfell, Finger, Schultern, Nacken* und *Gesicht*.

Zweite Übung: Konzentrierte Absicht

Anhand dieser Übung wird deutlich, dass es schon reicht, eine Absicht zu haben, um ein Ergebnis zu erzielen. Ein richtig – also zwanglos und ohne Spannung – fokussiertes Bewusstsein ist fähig, ganz konkrete Anweisungen auszuführen.

Im Folgenden werden Sie mühelos lernen, wie eine Absicht unter Umgehung des Ego und des Verstands verwirklicht werden kann. Damit Sie das bestmögliche Ergebnis erzielen, können Sie die erste Übung vorangehen lassen, um sich aufzuwärmen und den Körper in einen aufnahmebereiten Zustand zu versetzen.

Binden Sie an ein Ende einer etwa 30 Zentimeter langen Schnur ein kleines Gewicht (zum Beispiel ein Bleigewicht vom Angeln, eine Schraubenmutter oder eine etwa 2 Zentimeter lange Schraube). Halten Sie das andere Ende der Schnur in Ihrer rechten Hand und stützen Sie Ihren Ellbogen auf dem Tisch oder auf der Armlehne eines Stuhls ab, damit Sie das Pendel still halten können. Setzen Sie sich bequem hin und vergewissern Sie sich, dass sich das Pendel nicht bewegt.

Schauen Sie jetzt auf das Gewicht und projizieren Sie die Absicht, dass das Pendel seitlich ausschlagen soll. Lassen Sie Ihre Aufmerksamkeit auf dem Pendel ruhen und konzentrieren Sie sich auf Ihre Absicht, aber halten Sie Ihren Arm still. In wenigen Sekunden werden Sie bemerken, dass sich das Pendel wie von selbst in Bewegung setzt.

Wechseln Sie jetzt Ihre Absicht und steuern Sie das Pendel nicht zu den Seiten hin, sondern vor und zurück. Sehen Sie die Bewegung innerlich vor sich und halten Sie Ihren Fokus ganz entspannt darauf gerichtet. Gewöhnlich wird das Pendel ein paar Sekunden lang zögern, sich ungerichtet bewegen und dann die erwünschte Bewegung aufnehmen.

Nachdem Sie ihm ein paar Sekunden lang zugesehen haben, können Sie sich darauf konzentrieren, dass sich das Pendel im Kreis bewegen soll. Wieder wird es innehalten, wenige Sekunden lang ziellos zu schwingen beginnen und dann genau den Weg einschlagen, den Sie innerlich bestimmt haben.

Dritte Übung:
Ein Auslöser für Transformation

Jede Absicht ist ein Auslöser für Veränderung. Sobald Sie sich entscheiden, etwas zu wollen, reagiert Ihr Nervensystem, um Sie Ihrem Ziel näher zu bringen. Dies gilt für simple Absichten wie das Leertrinken eines Glases Wasser genauso wie für komplexe Ziele wie den Sieg in einem Tennismatch oder die Aufführung einer Mozart-

Sonate. Der Verstand muss dabei nicht jedes neuronale Signal und jede Muskelbewegung einzeln koordinieren, um sein Ziel zu erreichen. Die Absicht fließt ins Bewusstseinsfeld ein und löst die geeignete Reaktion aus.
In der folgenden Übung können Sie eine Art innerer Zeitreise unternehmen, indem Sie sich ein Bild aus Ihrer Vergangenheit ins Gedächtnis rufen. Sie werden erleben, wie schnell sich Ihr Körper Ihrer Absicht anpasst – mit Gefühlen erneuter Jugendlichkeit.

Setzen oder legen Sie sich bequem hin und schließen Sie die Augen. Achten Sie einen Augenblick auf Ihren Atem, verfolgen Sie entspannt, wie sich Ihre Brust hebt und senkt, spüren Sie, wie die Luft durch Ihre Nase aus- und einströmt. Sobald Sie sich entspannt fühlen, rufen Sie sich einen der schönsten Augenblicke aus Ihrer Kindheit ins Gedächtnis. Es sollte eine lebendige, freudvolle Situation sein, in der Sie am besten eine aktive Rolle spielen. Die Einzelheiten sind wichtig, deshalb eignen sich intensive körperliche Erfahrungen besonders gut. Spüren Sie die frische Luft und das Sonnenlicht auf Ihrer Haut. War Ihnen warm oder eher kalt? Achten Sie auf Farben, Strukturen, Gesichter. Benennen Sie den Ort und die Beteiligten. Wie war jeder gekleidet, wie haben sich die einzelnen Personen verhalten? Am wichtigsten ist jedoch, dass Sie sich das Körpergefühl vergegenwärtigen, wie es war, als Sie in jenem Moment aufgingen, ja sogar zu diesem Moment wurden. Indem Sie sich wieder in den Strom dieses einen magischen Augenblicks begeben, lösen Sie in Ihrem Körper eine Transformation aus. Sie duplizieren die Körperchemie dieser jugendlichen Erfahrung. Die alten Kanäle sind nie ganz verschlossen, sie sind nur lange nicht in Gebrauch gewesen.

Indem Sie den Kontext Ihrer inneren Erfahrung verändern und die Biochemie Ihrer Erinnerung als Gefährt nutzen, können Sie die Zeit zurückdrehen.

Vierte Übung: Absichten und das Feld

Das neue Denken geht davon aus, dass die Grundlage unserer Wirklichkeit, das Feld, kontinuierlich und daher an allen Punkten des Raum-Zeit-Gefüges gleichermaßen gegenwärtig ist.

Es ist normal, dass sich alle Wünsche erfüllen, wenn das Bewusstsein offen und klar ist. Es erfordert kein besonderes Eingreifen der Vorsehung, damit sich Wünsche erfüllen; das universelle Feld der Existenz ist dafür geschaffen, diesem Zweck zu dienen.

Die Mechanismen der Wunscherfüllung sind bei allen Menschen ähnlich:

1. Ein bestimmtes Ergebnis wird definiert.

2. Die Absicht ist präzise und eindeutig. Die Person weiß, was sie will.

3. Den Details der damit einhergehenden physiologischen Prozesse wird wenig oder keine Aufmerksamkeit geschenkt. Eine zu starke Beachtung der Einzelheiten wirkt auf den Fluss der Intelligenzimpulse, der das Ergebnis bewirkt, sogar eher hinderlich, verlangsamt ihn oder bringt ihn ganz zum Erliegen.

4. Die Person erwartet ein Ergebnis und vertraut darauf, dass es sich einstellen wird. Ein furchtsames Anklammern wirkt dagegen hinderlich: Wollen Sie zum Beispiel einschlafen, kann ein ängstliches Darauf-Warten verhindern, dass das Ersehnte geschieht.

5. Es gibt einen eigenständigen Rückkopplungsprozess. Anders gesagt: Jede erfüllte Absicht lehrt uns, wie wir die nächste Absicht noch wirkungsvoller umsetzen können.

6. Am Ende des Prozesses besteht kein Zweifel, dass das Ergebnis durch einen eindeutigen, bewussten

Prozess erzielt wurde, der sich über das Individuum hinaus in eine umfassendere Wirklichkeit hinein erstreckt.

Um dieses Wissen zu nutzen, können Sie die folgende Übung auf jeden Wunsch anwenden.
Der Gewinn von Klarheit über die Mechanismen der Absicht ist der wichtigste Schritt, um überhaupt irgendetwas zu erreichen.

1. Setzen Sie sich an einen ruhigen Ort und wenden Sie eine der bereits genannten Methoden an, um Ihren Körper zu entspannen und innerlich still zu werden.

2. Richten Sie Ihre Absicht auf das gewünschte Ergebnis. Seien Sie eindeutig. Sie können das Ergebnis visualisieren oder verbal hörbar zum Ausdruck bringen.

3. Verzetteln Sie sich nicht in den Einzelheiten. Versuchen Sie nicht, etwas zu erzwingen, und konzentrieren Sie sich nicht zu sehr. Ihre Absicht sollte so natürlich und entspannt sein, als wollten Sie Ihren Arm heben oder einen Schluck Wasser trinken.

4. Erwarten Sie den Erfolg und glauben Sie daran. Vergegenwärtigen Sie sich, dass Sie sich des Erfolgs gewiss sein können.

5. Machen Sie sich bewusst, dass Zweifel, Sorge und Festklammern den Erfolg beeinträchtigen.

6. Lassen Sie den Wunsch los. Sie müssen einen Brief nicht zweimal abschicken; seien Sie gewiss, dass die Botschaft angekommen und die Antwort unterwegs ist.

7. Seien Sie offen für Rückmeldungen von außen oder von innen. Machen Sie sich bewusst, dass alle Rückmeldungen von Ihnen selbst ausgelöst wurden.

Dieser letzte Schritt ist sehr wichtig. Wir sind so von der materialistischen Weltanschauung geprägt, dass wir dazu neigen, immer nach materiellen Ergebnissen Ausschau zu halten. Die Rückmeldung auf eine Absicht kann auch unerwartete Formen annehmen, aber irgendein Ergebnis erfolgt immer, wie subtil es auch sein mag.

Hilfreich ist auch die Erinnerung, dass dieser Ansatz funktioniert, weil er auf der grundlegenden Wirkungsweise unserer Physiologie beruht: Meine inneren Hinweise sind meine beste Rückkopplung, und je mehr ich auf sie eingehe, desto mehr stärke ich die Kraft meiner Absicht, das Erwünschte zu erreichen.

Der Sieg über die Entropie

Das Grundmaterial des menschlichen Körpers ist äußerst anfällig. Würde man eine einzelne Zelle isolieren und an einem lauen Junitag im Freien lassen, würde sie in wenigen Minuten dahinwelken und sterben.

Die Welt ist für das Leben ein gefährlicher Ort. Eine kosmische Kraft steht ständig bereit, um das Leben zu zerstören: Es ist die Entropie, die universelle Tendenz der Ordnung, in Unordnung zu zerfallen.

Der menschliche Körper existiert in kühnem Widerstand zur Entropie, da er unglaublich geordnet ist und seine Ordnung sogar noch in komplexer Art erweitern kann.

Offenbar gibt es eine Gegenkraft, welche die Evolution vorwärtstreibt, die Leben erschafft und der Bedrohung durch die Entropie trotzt. Diese Gegenkraft ist die Intelligenz. Ständig ringen diese beiden Kräfte miteinander.

Schöpfung und Zerstörung existieren gleichzeitig. Ohne Zerstörung gäbe es kein Leben.

Altern bedeutet also nicht einfach die Zerstörung des Körpers. Solange sich der Leib seiner Anlage gemäß erneuern kann, gewinnt die Entropie nicht die Oberhand. Alte Haut- oder Magenzellen sterben ab und werden durch neue ersetzt.

Wir können diese Balance zwischen Schöpfung und Zerstörung »dynamische Nichtveränderung« nennen. Mit anderen Worten: Die Veränderung ereignet sich in einem stabilen Rahmen. Was unsere Körper betrifft, ist dieser Zustand der dynamischen Nichtveränderung von entscheidender Bedeutung. Sobald das Gleichgewicht zur einen oder anderen Seite kippt, droht die Katastrophe: Zu wenig Veränderung führt zum Tod, zu viel Veränderung zu Chaos (zum Beispiel wenn eine Krebszelle sich hemmungslos zu teilen beginnt, bis sie lebenswichtige Gewebe angreift und ihre eigene Zerstörung herbeiführt, zusammen mit der des gesamten übrigen Körpers).

Jede Zelle weiß, wie sie die Entropie abwehren kann, indem sie die Intelligenz zur Rettung ruft, wenn die Unordnung sich einschleicht. Das entscheidende Beispiel dafür liefert die DNA selbst mit ihrer bemerkenswerten Fähigkeit zur Selbstreparatur.

Sie kommunizieren mit Ihrer DNA durch die chemischen Botschaften, die Ihr Gehirn aussendet: Diese haben einen direkten Einfluss darauf, welche Informationen die DNA freisetzt. Das Wissen um die Zusammenhänge lässt uns hoffen, dass der Fehler des Alterns an seiner Quelle korrigiert werden könnte: in den Tiefen des zellulären Bewusstseins.

Freie Radikale durchwandern die Zellen wie Haie, ständig auf der Suche nach Molekülen, die sie angreifen können. Sie richten so viel Schaden an, dass die Theorie des Alterns durch freie Radikale ständig an Popularität gewinnt.

Übung:
Körperliche Aktivität gegen Entropie

Eine der einfachsten Arten, Entropie zu vermeiden, besteht darin, dem Körper etwas zu tun zu geben. In der Physik ist die Entropie das Gegenteil von Arbeit, welche definiert ist als die geordnete Anwendung von Energie. Ohne Arbeit verflüchtigt sich Energie einfach. Mentale und körperliche Vernachlässigung fördern frühzeitiges Altern. Inzwischen ist die Bedeutung regelmäßiger körperlicher Betätigung für alle Altersgruppen gut dokumentiert.

Ein besonderer Vorteil von körperlicher Betätigung: Sie wirkt bei allen Altersgruppen früheren Auswirkungen der Entropie entgegen. Die wesentlichen Symptome des biologischen Alterns lassen sich durch vermehrte körperliche Bewegung mindern. Noch stärker ist die Wirkung, wenn auch die Ernährung verbessert wird. Somit bedarf die weit verbreitete Einstellung, es im Alter ruhiger angehen zu lassen, der genaueren Überprüfung.

Der Wert der Ausgewogenheit

Bevor Sie jetzt meinen, das Altern lasse sich nur durch harte Arbeit vermeiden, sollten Sie bedenken, dass »Arbeit« im physikalischen Sinne nicht gleichbedeutend ist mit Mühe und Schweiß. Arbeit ist nötig, um Ordnung herzustellen und der Entropie entgegenzuwirken.
Körperübungen haben unabhängig davon, wie viel oder wie wenig Sie tun, eine Quantenwirkung, weil Sie dem Körper die Chance geben, subtile Funktionsmuster wiederherzustellen. Der Körper braucht sowohl Schöpfung als auch Zerstörung, um seine lebenswichtigen Prozesse aufrechtzuerhalten, deshalb ist ständige Arbeit auch nicht die Lösung. Aktivität muss durch Ruhe ausgeglichen werden, denn während der Bewegungsphasen findet in den Muskeln Zerstörung statt, die in den Erholungsphasen wieder ausgeglichen werden muss.
In jedem Bereich des Lebens ist Ausgewogenheit der Schüssel. Diese allgemeine Aussage lässt sich in vier Themen untergliedern:

Mäßigung
Regelmäßigkeit
Ruhe   = Ausgewogenheit
Aktivität

Mäßigung bedeutet, nicht in Extreme zu verfallen. Regelmäßigkeit meint, einem kontinuierlichen Rhythmus zu folgen. Ruhe heißt Ruhe, Aktivität bedeutet Aktivität. Niedere Tiere wissen instinktiv um ihre Zyklen von Ruhe und Aktivität, doch uns Menschen steht es frei, uns darüber hinwegzusetzen. Setzen wir uns zu oft in der verkehrten Richtung darüber hinweg, dann beschleunigen wir noch die Wirkung der Entropie.
Ein ausgewogener Lebensstil gehört zu den wichtigsten Schritten, um den Alterungsprozess aufzuhalten.

Jetzt wollen wir tiefer in die Mechanismen der Ausgewogenheit eintauchen, um herauszufinden, wie sich ihre wohltuende Wirkung intensivieren lässt. Das Geheimnis, wie die Zerstörung in Schach zu halten ist, offenbart sich nur auf der unsichtbaren Ebene, wo die Intelligenz das Gleichgewicht des Lebens zuverlässig aufrechterhält.

Der Fluss der Intelligenz

Die Erhaltung des Gleichgewichts des Lebens

Da alle Zellen des Körpers aus Molekülen bestehen, die ihren Platz mithilfe der DNA gefunden haben, könnte man sagen, die Physiologie ist nichts als aktive Intelligenz, und jeder Prozess in jeder Zelle ist letztlich Intelligenz, die mit sich selbst kommuniziert.

Weil sie abstrakt und unsichtbar ist, muss die Intelligenz handeln, um bemerkt zu werden. Ihr Gehirn macht seine Intelligenz bemerkbar, indem es Worte und Begriffe produziert; Ihr Körper macht seine Intelligenz bemerkbar, indem er Moleküle produziert, die Botschaften übertragen. Es ist faszinierend, zu beobachten, wie diese zwei Arten von Intelligenz miteinander verschmelzen. Das Ganze findet auf der Quantenebene statt, wo die

Grenze zwischen dem Abstrakten und Konkreten verschwimmt. An der Quelle der Intelligenz unterscheiden sich Gedanken und Moleküle kaum noch voneinander, wie an einem einfachen Beispiel deutlich wird.

Der Körper als Information

Kaum haben Sie in eine Zitrone gebissen, läuft Ihnen das Wasser im Mund zusammen, weil die Speicheldrüsen unter Ihrer Zunge die Verdauungsenzyme Speichelamylase und -maltase ausschütten. Daran ist nichts Geheimnisvolles; jede Art von Nahrung im Mund setzt automatisch die Verdauungsprozesse in Gang.
Aber was passiert, wenn Sie sich eine Zitrone vorstellen oder innerlich dreimal das Wort Zitrone wiederholen? Ihnen läuft das Wasser genauso im Mund zusammen und die gleichen Speichelenzyme werden produziert, obwohl es nichts zu verdauen gibt. Die vom Gehirn ausgehende Botschaft ist wirkungsvoller als das Vorhandensein der Zitrone. Worte und Bilder lösen die Lebensprozesse genauso aus wie »echte« Moleküle.
Deshalb ist die Sprache, die wir in Bezug auf uns selbst verwenden, von höchster Bedeutung. Kinderpsychologen haben herausgefunden, dass kleine Kinder durch beschreibende Aussagen (zum Beispiel: »Du bist ein böser Junge«, »Du bist ein Lügner«, »Du bist nicht so schlau

wie deine Schwester«) zutiefst beeinflusst werden. Das Körper-Geist-System strukturiert sich um solche verbalen Erfahrungen, und durch Worte geschlagene Wunden können dauerhaftere Effekte haben als körperliche Traumata, denn wir erschaffen uns buchstäblich aus Worten. Dies gilt auch besonders für die beiden machtvollen Worte »jung« und »alt«. Es ergibt einen enormen Unterschied, ob ich sage: »Ich bin zu müde dazu«, oder aber: »Ich bin zu alt dafür.« Die erste Aussage vermittelt unterschwellig die Botschaft, dass sich die Lage bessern kann. Wenn Sie jetzt zu müde sind, kann Ihre Energie sich irgendwann regenerieren; dann sind Sie nicht mehr zu müde dazu. Zu alt zu sein klingt sehr viel endgültiger, denn in unserer Kultur definiert sich Alter durch das Vergehen der Zeit. Was alt ist, wird nicht wieder jung. Wenn wir wollten, könnten wir dem Alter einen positiven Wert geben. Ein Vers[1] aus dem Alten Testament, der aus der Zeit König Salomos stammt, erklärt:

---

[1] Anm. der dt. Red.: Vgl. Sirach 30,23; zitiert nach http://www.bibel-online.net/text/luther_1912_apokr/sirach/30/.
Ergänz. d. Red.: »[22] Mache dich selbst nicht traurig und plage dich nicht selbst mit deinen eigenen Gedanken. [...] [24] Tue dir Gutes und tröste dein Herz und treibe Traurigkeit fern von dir. [25] Denn Traurigkeit tötet viele Leute und dient doch zu nichts. [26] Eifer und Zorn verkürzen das Leben, und Sorge macht alt vor der Zeit.«

*»Denn ein fröhlich Herz ist des Menschen Leben,
und seine Freude ist sein langes Leben.«*

Die Überzeugung, dass ein langes Leben durch größtmögliche Freude geprägt ist, findet man in vielen anderen Kulturen wieder, vor allem in jenen, in denen einem hohen Alter Ehrerbietung entgegengebracht wird und jedes zusätzliche Jahr wertvoll ist.

Wenn wir über die falsche Dualität von Jung und Alt hinausschauen, offenbart sich uns eine andere Wirklichkeit: Der Körper ist ein Netzwerk von Botschaften, die ständig übertragen und empfangen werden. Lebensfördernde Erfahrungen gehen weit über die Zellbiologie hinaus.

Die Entscheidungen, die wir hinsichtlich unseres grundlegenden Glücksempfindens und unserer Erfüllung treffen, bestimmen wesentlich mit, wie wir altern.

Die unsichtbare Bedrohung

Alterungsprozess, Stress und Körperrhythmen

Seit über 50 Jahren wissen wir aufgrund medizinischer Forschungen: Stress lässt Tiere schneller altern.

Menschen können außergewöhnlichen Belastungen standhalten, aber wenn es zu viel wird, wendet sich unsere Reaktion auf den Stress auch gegen den eigenen Körper und führt zum mentalen und körperlichen Kollaps.

Wenn auf jemanden ein Gewehr gerichtet wird und er mit der Drohung konfrontiert wird, erschossen zu werden, vollzieht sich in ihm ein dramatischer Wandel hin zu gesteigerter Erregtheit. Durch den ganzen Körper läuft explosionsartig eine Kampf-oder-Flucht-Reaktion, um den Betroffenen auf eine Handlung vorzubereiten.

Den größten Teil der Zeit sind unsere Zellen mit Erneuerung beschäftigt: Ungefähr 90 Prozent der Energie einer

Zelle fließt in der Regel in den Aufbau neuer Proteine sowie neuer DNA und RNA. Sobald das Gehirn eine Bedrohung wahrnimmt, werden diese Erneuerungsprozesse jedoch hintangestellt.

Als vorübergehendes Hilfsmittel ist die Stressreaktion lebenswichtig, aber wenn sie nicht rechtzeitig beendet wird, können die entsprechenden Stoffwechselprozesse für den Körper katastrophal ausarten. Lässt die Bedrohung nicht nach, wird aus der Erregung Erschöpfung, weil der Körper nicht zu seinem gewohnten anabolischen Stoffwechsel zurückkehren und die Reserven an Geweben und Energien wiederaufbauen kann.

Ältere Menschen brauchen länger, um sich vom Stress zu erholen, und sie halten starken Stress weniger gut aus (zum Beispiel sterben junge Menschen sehr selten aus Kummer, während das im Alter eher vorkommt). Im hohen Alter nimmt die Stresstoleranz innerhalb eines Jahres im selben Maß ab wie in zwei Jahren in mittlerem Alter. Wann immer Stress für Beschwerden verantwortlich gemacht wird, entsteht schnell die Schlussfolgerung, das Problem bestehe in zu viel Stress. Der entscheidende Punkt ist jedoch, wie der Körper mit Stress umgeht.

Die Theorie von Stress bedarf der Überarbeitung. Die Körper-Geist-Beziehung muss einbezogen werden, denn unsichtbare Elemente wie Interpretation, Überzeugung und innere Haltung sind für die individuelle Stressreaktion von enormer Bedeutung. Die ganz persönliche Art, wie wir sämtliche Ereignisse filtern, entscheidet darüber, wie sehr wir sie als Stress wahrnehmen. Externe Stressfaktoren sind nur Auslöser. Sofern Sie sich davon nicht berührt fühlen, haben Sie keinen Stress. Irgendwie ist der Mythos entstanden, manche Menschen würden unter Stress geradezu aufblühen; Zeitdruck und Konkurrenz stacheln sie angeblich zu Höchstleistungen an. Doch was dabei tatsächlich passiert, ist, dass sie auf den Druck nicht körperlich reagieren.

Stressmanagement ist daher sehr viel komplexer, als es auf den ersten Blick erscheint, weil die persönliche Interpretation einer Situation auf den eigenen Erinnerungen beruht: Unsere Reaktionen auf neue Situationen sind immer von unseren vergangenen Erfahrungen geprägt. Statt neu hinzuschauen und jetzt eine eigene Einschätzung zu finden, schieben wir sie in alte Schubladen. Es ist wichtig, diese alten Eindrücke zu neutralisieren, sonst ist keine Kontrolle über den Stress möglich: Die stressgeprägten Ereignisse werden dann eine automatische Reaktion auslösen, der Sie nicht entgehen können.

Dieser unglückliche Zustand von »Hoffnungslosigkeit/Hilflosigkeit« ist intensiv erforscht worden. Da das Altern tief sitzende Gefühle beider Art auslöst, sind diese Untersuchungen für unser Thema sehr interessant. Durch Stress kann bei Labor-Tieren praktisch jede Krankheit hervorgerufen werden. Und Krankheiten, die äußerlich ausgelöst wurden, wie ein chemisch erzeugter

Tumor, entwickeln sich unter Stress sehr viel schneller. Bei Ratten, Kaninchen und Mäusen beschleunigt Stress jeder Art die Ausbreitung von Krebs und die Anfälligkeit für Herzkrankheiten.

Der entscheidende Punkt: Die Interpretation

Welche Wirkung Stress auslösende Situationen auf eine Person haben, ist individuell sehr verschieden. In den Anfangsjahren des amerikanischen Raumfahrtprogramms war das Bodenpersonal erstaunt, weil sich die Herzfrequenzen der Astronauten während des Starts kaum veränderten. Gleichzeitig leiden Hunderttausende von Passagieren schon bei ganz gewöhnlichen Linienflügen unter Panikattacken. Offenbar gibt unsere Interpretation eines Ereignisses den größeren Ausschlag für unser Stressempfinden als die Situation selbst.

Eine Sache ist jedenfalls gewiss: Wenn ein Mensch meint, die Kontrolle verloren zu haben, wenn aus irgendeinem Grund die Wahrnehmung von Stress entsteht, dann schüttet der Körper Hormone aus: Sie sind mit denen identisch, die zum Alterungsprozess gehören. Ein wichtiger Punkt: Wenn wir den Prozess der Alterung abmildern wollen, müssen wir – einfach ausgedrückt – die Produktion der Hormone reduzieren, die diesen Prozess fördern. Wir müssen erkennen, wie unser Kontrollbedürfnis eine

Stress produzierende Interpretation der Ereignisse fördert, und lernen, stattdessen besser mit Ungewissheit und Spontaneität zu leben. Im täglichen Leben können wir auf vielfältige Art zu dieser Weisheit Zugang finden:

- Lachen ist für das körperliche und seelische Wohlbefinden von hohem Wert.

- Körperliche Bewegung stimuliert die Produktion von Neurochemikalien, die natürliche Hochstimmungen auslösen.

- Der Atem verliert unter Stress seinen Rhythmus. Hilfreich ist, sich zwei- oder dreimal am Tag still hinzusetzen, die Augen zu schließen und die Aufmerksamkeit sanft auf den Atem zu lenken.

- Musik ist ein starkes Gegenmittel bei Stress, vor allem wenn man ihr mit voller Aufmerksamkeit und Freude zuhören kann.

- Durch Visualisierungen können Sie sich innerlich äußerst angenehme und entspannende Erfahrungen kreieren.

- Meditation kann in vielen Formen stattfinden, unter anderem Atem-Meditation, Aufmerksamkeits-Meditation und Urklang-Meditation (dabei wird der Geist mithilfe eines Mantras beruhigt).

- Schlaf reduziert Stress auf natürliche Weise und stellt das innere Gleichgewicht wieder her. Wenn Sie ein starkes Bedürfnis danach haben, sollten Sie sich nach Möglichkeit die Freiheit nehmen, die Augen für ein Nickerchen zu schließen.

- Kontakt zur Natur baut fast immer Stress ab. Schon eine Zimmerpflanze im Büro oder ein kurzer morgendlicher Spaziergang durch den Park können dazu beitragen, die Stress lindernde Wirkung der Natur zu spüren.

- Das Loslassen des Kontrollbedürfnisses ist ein Prinzip, das allen wirksamen Techniken zum Stressabbau zugrunde liegt. Wenn Sie irgendwann im Lauf des Tages anfangen, sich zu verspannen, können Sie sich daran erinnern, dass es Stress bedeutet, jedes Detail Ihrer Situation im Griff behalten zu wollen – was Ihnen wahrscheinlich nicht gelingen wird. Lernen Sie, sich zu entspannen und mit dem Lauf der Dinge zu gehen.

Im Labor sind Tiere, die in ihrer Entwicklung unter den Ratten stehen (beispielsweise Frösche) nicht für abstrakte Stressauslöser anfällig. Der entscheidende Faktor ist die Erinnerung. Ein Tier mit einem einfachen Gedächtnis kann den Unterschied zwischen einer Situation und einer anderen nicht erkennen.

Das hat enorme Bedeutung fürs Altern, denn wir alle tragen eine Welt mit uns herum: die Welt unserer Vergangenheit. Wir erzeugen unseren eigenen Stress, indem wir uns auf diese Welt und die ihr eingeprägten Traumata beziehen. Ohne die Erinnerung an Stress gäbe es kaum Stress, denn erst unsere Erinnerung sagt uns, wovor wir uns fürchten oder worüber wir wütend sein »sollen«.

So wird Stress zur selbsterfüllenden Prophezeiung: Unsere Reaktion passt zu unserer Erwartung. Die Tatsache, dass jedes Ereignis unweigerlich durch eine Interpretation geprägt wird, verleiht der Erinnerung eine gefährliche Kraft.

Meditation reduziert das biologische Alter

Weil die Stressreaktion im Bruchteil einer Sekunde ausgelöst werden kann, ist es uns unmöglich, die Kontrolle über die Moleküle zu gewinnen. Doch es gibt eine Körper-Geist-Technik, die direkt an der Wurzel der Stressreaktion ansetzt, indem sie die erinnerten Stressoren auflöst, die neuen Stress auslösen können: die Körper-Geist-Technik der Meditation.

Vor den Siebzigerjahren ahnte man nicht einmal den sinnvollen Nutzen der Meditation. Die westliche Medizin hatte nichts für Meditation übrig, bis ein junger Arzt der UCLA namens R. Keith Wallace bewies, dass Meditation nicht nur spirituelle, sondern auch tief greifende körperliche Auswirkungen hat. Die Mantra-Meditation produziert rasch tiefe Entspannungszustände und deutliche Veränderungen des Atem- und Herzrhythmus und des Blutdrucks.

Die Verbindung von Geist, Körper und Verstand

Millionen von westlich geprägten Menschen nehmen irrigerweise an, Meditation habe keinen Bezug zum Körper und finde nur im Kopf statt. Leider hat unsere Kultur die fehlerhafte Annahme getroffen, der menschliche Körper sei eine Maschine, ein träger Klumpen Materie, der ohne eigene Intelligenz funktioniert.
Diese Art von Vorurteil gegen den Körper steht im Widerspruch zu der Art, wie uns die Natur geschaffen hat. Die Natur hat Geist, Körper und Verstand als gleichberechtigte Mitschöpfer unserer persönlichen Wirklichkeit vorgesehen.
Sind die Dimensionen des Materiellen, Körperlichen, Psychischen und Spirituellen miteinander im Gleichgewicht, wird das Leben ganz. Diese Einheit schenkt uns

das Gefühl von Geborgenheit und Sicherheit. Nur wer sich seines Platzes im Universum sicher ist, kann anfangen, sich der Tatsache zu stellen, dass er von einem ständigen Wechselspiel von Schöpfung und Zerstörung umgeben ist. Sie können die Entropie als physikalische Kraft nicht außer Gefecht setzen, aber Sie können sich auf eine Erkenntnisebene aufschwingen, die von der Entropie nicht betroffen ist.

Inmitten allen Wandels gibt es fünf Erkenntnisse, die sich der Entropie entziehen. Sie sind in jeder spirituellen Tradition zu finden und bilden zu allen Zeiten den Kern aller persönlichen Entwicklung:

1. Ich bin Geist.
2. Dieser Augenblick ist so, wie er sein sollte.
3. Ungewissheit ist Teil der Gesamtordnung der Dinge.
4. Wandel ist von Nichtwandel durchdrungen.
5. Entropie ist keine Bedrohung, weil sie unter der Kontrolle einer unendlichen, ordnenden Kraft steht.

Diese Erkenntnisse sind entscheidend, weil sie es uns ermöglichen, uns aufzuschwingen über die Welt der Dualität, die unausweichlich dem Ringen von Schöpfung und Zerstörung unterliegt. Lassen Sie mich jeden dieser Punkte aus der Sicht des neuen Paradigmas erläutern:

1. Ich bin Geist.

Auch wenn meine körperliche Existenz an Raum und Zeit gebunden ist, ist mein Bewusstsein doch nicht darauf beschränkt. Materie und Energie kommen und gehen, doch alles wird zusammengehalten und geordnet durch die tiefe Intelligenz, die alles durchdringt. Ich bin ein Aspekt dieser Intelligenz, dieser ewigen Gegenwärtigkeit von Bewusstsein.
Ein Mensch, der sich seiner selbst als geistiges Wesen bewusst ist, verliert inmitten der Erfahrungen nie den Erfahrenden aus dem Blick. Seine innere Wahrheit sagt: »Ich trage das Bewusstsein der Unsterblichkeit mitten in die Sterblichkeit hinein.«

2. Dieser Augenblick ist so, wie er sein sollte.

Dieser gegenwärtige Augenblick ist ein Raum-Zeit-Ereignis innerhalb des ewigen Kontinuums. Da ich selbst dieses Kontinuum bin, kann sich nichts außerhalb meiner selbst ereignen; daher kann ich alles als einen Teil meiner größeren Identität annehmen. Diese Erkenntnis entsteht, wenn ein Mensch sein Bedürfnis aufgibt, die Wirklichkeit zu kontrollieren.
In der Einheit ist jeder Augenblick so, wie er sein sollte. Die Schatten der Vergangenheit beeinträchtigen nicht die Fülle, die nur in der Gegenwart möglich ist. Die

Stimme der inneren Wahrheit sagt: »Alles, wonach ich verlange, ist Teil dieses Augenblicks, und was ich brauche, steht mir hier und jetzt zur Verfügung.«

3. *Ungewissheit ist Teil der Gesamtordnung der Dinge.*

Gewissheit und Ungewissheit sind zwei Aspekte unserer Natur. Auf einer Ebene müssen die Dinge gewiss sein, sonst gäbe es keine Ordnung. Auf einer anderen Ebene müssen die Dinge ungewiss sein, sonst gäbe es keine Erneuerung. Die Evolution entwickelt sich durch überraschende Wendungen; die gesündeste Haltung besteht darin, zu erkennen, dass das Unbekannte nur ein anderer Begriff für »Schöpfung« ist.
In der Einheit erkennt der Mensch die Weisheit, die in der Ungewissheit liegt. Er weiß, dass auch in dieser völligen Offenheit noch eine Ordnung bewahrt wird. Gegensätze können und müssen miteinander existieren. Die Stimme der inneren Wahrheit sagt: »Ich nehme das Unbekannte an, weil es mir erlaubt, neue Aspekte meiner selbst zu sehen.«

4. *Wandel ist von Nichtwandel durchdrungen.*

Ihre Wünsche und Ihre Aufmerksamkeit bestimmen den Weg Ihres Wachstums. Weil die Aufmerksamkeit ständig fließt, hat der Tanz kein Ende. Wenn Sie erkennen, dass Sie von diesem unveränderlichen Rahmen sicher gehalten werden, taucht die Freude des freien Willens auf. Alle Möglichkeiten sind für das Feld akzeptabel, da das Feld definitionsgemäß ein Zustand aller Möglichkeiten ist. Die Stimme der inneren Wahrheit sagt: »Ich lerne das Absolute kennen, indem ich hier im Relativen spiele.«

5. Entropie ist keine Bedrohung, weil sie unter der Kontrolle einer unendlichen, ordnenden Kraft steht.

Ihr Körper spiegelt die Gleichzeitigkeit von Ordnung und Unordnung. Die Moleküle von Nahrung, Luft und Wasser bewegen sich chaotisch wirbelnd durch Ihr Blut, aber wenn sie in eine Zelle eintreten, werden sie mit penibler Ordnung genutzt. Chaos ist daher nur eine Perspektive. In der Einheit erkennen Sie, dass jeder Schritt Richtung Verfall, Auflösung und Zerstörung dazu dient, neue Ordnungsmuster zu bilden. Die innere Stimme der Wahrheit sagt: »Durch abwechselnde Schritte des Verlustes und des Gewinns, der Ruhe und der Aktivität, der Geburt und des Todes gehe ich den Weg der Unsterblichkeit.«

All dies sind nur Beschreibungen. Keine Worte auf einem Blatt Papier können die persönliche Erkenntnis ersetzen (die ich hier die »innere Stimme« nenne). Die innere Unzufriedenheit findet jedoch erst ein Ende, wenn Fragen wie »Wer bin ich?« und »Warum bin ich hier?« zufriedenstellend beantwortet wurden. Seinem wahren Wesen nach ist das Leben bequem, leicht, ungezwungen und intuitiv richtig.

Das heißt, der Zustand der Selbstverwirklichung ist vollkommen natürlich. Die Ansammlung von Stress und das daraus entstehende Altern sind Zeichen dafür, dass es immer noch Spannungen und Unwohlsein gibt.

Der folgende Abschnitt über die praktische Umsetzung handelt von der Beendigung dieses Ringens mithilfe einer Technik, die endlich funktioniert. Sie lernen, Ihr Leben nicht als eine Reihe zufälliger Ereignisse zu sehen, sondern als einen Weg des Erwachens, dessen einziger Zweck es ist, größtmögliche Freude und Erfüllung zu bringen.

Die praktische Umsetzung

Die Weisheit der Ungewissheit

Die Ungewissheit des Lebens fordert ständig unsere Bewältigungsmechanismen heraus. Grundsätzlich gibt es zwei Arten, mit Ungewissheit umzugehen: Akzeptanz und Widerstand. Akzeptanz ist gesund, weil sie die Möglichkeit birgt, jeden Stress sofort aufzulösen, sobald er auftritt. Widerstand ist ungesund, weil er zu einem Stau von Frustration, falschen Erwartungen und unerfüllten Wünschen führt.

In der folgenden Übung lernen Sie, einen Bewusstseinszustand der Akzeptanz herzustellen, auf dass Ihr Leben in der Gegenwart so erfüllend wie möglich wird.

Erste Übung:
Die Befreiung der Wahrnehmung

Ihr Leben kann nur so frei sein, wie Sie es wahrnehmen. Wann immer wir eine Situation betrachten, sehen wir darin unsere Vergangenheit. Wenn Sie als Kind Angst vor Spinnen hatten, werden Sie diese Phobie auch heute auf Spinnen projizieren.

Allein die Erkenntnis, dass Sie alles interpretieren, wie banal es auch sein mag, ist ein wesentlicher Schritt, um sich von der Vergangenheit zu befreien.

Es ist also wichtig, Ihre Deutungen zu hinterfragen. Die einzige Art, Stress zu beenden, besteht darin, wahrzunehmen, dass er endet.

Es gibt viel darüber zu sagen, wie das zu erreichen ist, aber in meinem eigenen Leben versuche ich, jeder potenziell stressbeladenen Situation mit der Absicht zu begegnen, ihre Bedrohlichkeit in mir aufzulösen. Dabei sind fünf Schritte äußerst hilfreich:

1. Erkennen Sie, dass Sie interpretieren. In einem Konflikt versuche ich mir klarzumachen, dass meine Sichtweise beschränkt ist; ich habe die Wahrheit nicht gepachtet.

2. Lassen Sie Ihre alten Vorurteile beiseite. Sobald ich mich angespannt fühle, nehme ich es als

Signal, dass ich mich zu sehr an meine Sichtweise klammere.

3. Betrachten Sie die Dinge aus einer neuen Perspektive. Ich konzentriere mich dabei auf meine Körperempfindungen. Dabei fängt mein Verstand automatisch an, die Situation ein wenig anders zu sehen.

4. Stellen Sie Ihre Deutung der Situation infrage. Überprüfen Sie, ob sie noch gültig ist.

5. Konzentrieren Sie sich auf den Prozess, nicht auf das Ergebnis. Stress entsteht, wenn Sie meinen, etwas solle so und nicht anders sein. Ich erinnere mich daran, dass ich nicht wissen muss, wohin ich gehe, um den Weg zu genießen, auf dem ich bin.

Wenn ich diese fünf Schritte durchlaufe, lösen sich alltägliche Ärgernisse, die unnötigen Stress verursachen, sehr schnell auf.

Die Übung besteht darin, diese fünf Schritte zur Veränderung Ihrer Deutung von Situationen durchzulesen und sie dann anzuwenden. Zuerst sollten Sie es mit einem belastenden Ereignis aus der Vergangenheit probieren. Erinnern Sie sich an jemanden, der Sie sehr verletzt hat und dem Sie nicht vergeben können. Die fünf Schritte könnten dann vielleicht folgenden Gedankengang auslösen:

1. Ich fühle mich verletzt, aber das heißt nicht, dass der andere ein schlechter Mensch ist oder mich verletzen wollte. Trotz meiner Verletztheit gibt es immer auch eine andere Seite der Geschichte.

2. Ich bin schon früher auf diese Weise verletzt worden und habe dieses Ereignis vielleicht voreilig bewertet. Ich will alles so sehen, wie es ist.

3. Ich brauche mich hier nicht als Opfer zu betrachten. Wann habe ich zuletzt in einer ähnlichen Situation auf der anderen Seite gestanden? War ich da nicht auch sehr mit meinen eigenen Beweggründen beschäftigt?

4. Ich will einen Augenblick lang meine Gefühle vergessen und darüber nachdenken, wie sich die andere Person wohl gefühlt hat. Vielleicht hatte sie sich gerade nicht ganz im Griff oder war so sehr mit etwas anderem beschäftigt, dass sie nicht bemerkt hat, wie verletzt ich war.

5. Dieses Ereignis kann mir helfen. Es ist mir nicht wichtig, diesen Menschen zu tadeln oder mich an ihm zu rächen. Ich möchte herausfinden, was in mir das Gefühl der Bedrohung erzeugt.

Wenn Sie sich allmählich angewöhnen, bewusst und sorgfältig Ihre alten Deutungen zu betrachten, erschaffen Sie Raum für spontane Augenblicke der Freiheit. In diesen Momenten klärt sich Ihr altes Denken in einem Aufblitzen von Erkenntnis vollkommen auf. Mit diesem Aufblitzen geht ein Gefühl von Offenbarung einher, denn Sie schauen in diesem Moment die Wirklichkeit und nicht nur eine Spiegelung Ihrer Vergangenheit. All die wahrlich wichtigen Dinge im Leben – Liebe, Mitgefühl, Schönheit, Vergebung, Inspiration – werden uns spontan zuteil. Wir können ihnen nur den Weg bereiten. (Ein spiritueller Freund von mir nennt es so: »Ein Loch in die vierte Dimension schlagen.«)

Zweite Übung: Die Zwiebel der Vergangenheit schälen

Die Vergangenheit lagert in uns in vielen, komplexen Schichten. Ihre innere Welt ist voll von verwickelten Beziehungen, denn sie enthält die Vergangenheit nicht nur so, wie sie sich ereignet hat, sondern auch so, wie Sie sie gerne gehabt hätten. Alles, was nach Ihrer Ansicht hätte anders gehen sollen, verläuft tatsächlich anders an jenem inneren Ort, an dem Sie sich in Fantasien, Rachegedanken, Sehnsüchte, Kummer, Selbstanklage und Schuldgefühle flüchten. Um sich von diesen Ablenkungen zu befreien, müssen Sie sich klarmachen, dass es noch eine tiefere Ebene gibt, auf der alles in Ordnung ist.

In seinem Buch »Siddharta« schreibt Hermann Hesse:

> *»In dir da ist Stille und ein Heiligtum,*
> *in das du dich zu allen Zeiten*
> *zurückziehen kannst,*
> *um du selbst zu sein.«*

Dieses Heiligtum ist das schlichte Bewusstsein einer Geborgenheit, die kein Sturm der Ereignisse erschüttern kann. Es ist der mentale Zustand, nach dem wir in der Meditation streben – was ich für eine der wichtigsten Beschäftigungen halte, denen man nachgehen kann. Doch selbst wenn Sie nicht meditieren, können Sie sich diesem Zustand innerer Ruhe mit der nächsten Übung annähern. Schreiben Sie die folgende Affirmation auf:

> *Ich bin vollkommen, so wie ich bin.*
> *Alles in meinem Leben*
> *geschieht zu meinem höchsten Wohl.*
> *Ich werde geliebt und ich bin Liebe.*

Halten Sie nicht inne, um die Aussage zu überdenken; schreiben Sie sie einfach auf. Sobald Sie fertig sind, schließen Sie die Augen. Achten Sie auf alle Erwiderungen und Worte, die in Ihnen auftauchen, und schreiben Sie sie direkt unter die Affirmation. In Ihrem ersten Gedanken wird wahrscheinlich eine Menge Widerstand stecken, denn wessen Leben ist schon perfekt? Es ist schwer, zu glauben, dass alles genau so abläuft, wie es sollte. Wenn derartige Gefühle in Ihnen hochkommen, spricht das für Ihre Aufrichtigkeit.

Ohne innezuhalten, schreiben Sie jetzt bitte die Affirmation noch einmal auf. Schließen Sie wieder die Augen und notieren Sie auch diesmal die ersten Worte, die Ihnen durch den Sinn gehen. Widerstehen Sie der Versuchung, etwas zu analysieren oder bei Ihrer Reaktion zu verweilen.

Fahren Sie so fort, bis Sie die Affirmation und Ihre Antwort darauf zwölf Mal niedergeschrieben haben. Sie werden überrascht sein, wie sich Ihre Reaktionen verändern. Bei den meisten Menschen fällt die letzte Antwort sehr viel positiver aus als die erste. Diese Übung erlaubt Ihnen sozusagen, die innersten Bereiche Ihres Bewusstseins zu belauschen.

Bei den meisten Menschen lagern die stärksten Widerstände dicht unter der Oberfläche ihres Bewusstseins, weil hier unsere öffentlichen und am besten geschützten Reaktionen ablaufen. Beim Tiefergehen stoßen wir auf Frustrationen, Wünsche und unverarbeitete Gefühle der jüngeren Vergangenheit. Auf diesen Ebenen kann es zu recht unerwarteten oder irrationalen Reaktionen kommen.

Noch tiefer lagern unsere am stärksten eingeprägten Gefühle. Falls Sie sich im Grunde nicht liebenswert fühlen, kann Ihnen auf dieser Ebene viel Schmerz und Widerstand begegnen. Doch selbst unter den härtesten Konditionierungen gibt es eine Ebene des Bewusstseins, die der Aussage »Ich bin Liebe« vorbehaltlos zustimmen kann.

Diese Affirmation ist sehr kraftvoll, um uns an unsere wahre Natur zu erinnern, aber vor allem erinnert sie uns an unseren Daseinszweck, nämlich uns auf den Punkt hin zu entwickeln, wo »Ich bin Liebe« an der Oberfläche unseres Bewusstseins erstrahlt und nicht mehr tief in uns versteckt ist.

Langlebigkeit

Ich kenne Belle Odom nicht persönlich, aber ich habe ihr Foto in der Morgenzeitung vor mir: Die winzige, alte Dame lächelt in die Kamera und winkt mit einem spitzenbesetzten Taschentuch. Belle wird in der Zeitung porträtiert, weil sie das beachtliche Alter von 109 Jahren erreicht hat. Trotz der Tatsache, dass sie älter ist als einige Staaten dieses Landes wirken ihre Augen klar und wach. In dem Artikel heißt es, ihr Verstand sei schärfer als bei vielen jüngeren Bewohnern des Seniorenheims, in dem sie lebt. In besagtem Artikel werden einige statistische Angaben zu über Hundertjährigen aufgelistet:

- 80 Prozent aller Hundertjährigen sind Frauen.
- 75 Prozent sind verwitwet.
- 50 Prozent leben in Altersheimen.
- 16 Prozent sind schwarz (im Bevölkerungsdurchschnitt sind nur 12 Prozent schwarz).

Belle ist eine schwarze Frau, geboren und aufgewachsen im rauen Farmland von Texas. Bis sie 100 wurde, lebte sie allein in einer Hütte ohne fließendes Wasser; jetzt ist sie zum Star eines Seniorenheims in Houston geworden. Mit 109 hat Belle alle biologischen Wahrscheinlichkeiten weit hinter sich gelassen und ist in einen geheimnisvollen und ungewissen Überlebensbereich vorgedrungen.

Vorausgesetzt, es befällt uns keine tödliche Krankheit und kein Herzinfarkt, haben Sie und ich in den nächsten Jahrzehnten die Chance, 85 bis 90 zu werden. Den Tag, an dem Sie fünfzig werden, könnten Sie wie einen zweiten Geburtstag feiern. Mit großer Wahrscheinlichkeit liegt dann noch mal eine ganze Lebensspanne von 30, vielleicht sogar 40 oder 50 Jahren vor Ihnen.

Der große Vorteil dieser zweiten Geburt ist, dass Sie vorausplanen können. Mit Ihrer ersten Geburt wurden Sie einfach konfrontiert, darüber hinaus mit den völlig Fremden, die Ihre Eltern waren, mit einem ungelenken, noch ungeformten Körper, der selbst die einfachsten Aufgaben erst lernen musste, und in eine verwirrende Fülle von chaotischen Zeichen und Klängen, denen Ihr Gehirn erst einmal eine Bedeutung zuordnen musste.

Begeistert von der Möglichkeit, mir ein ganz neues Leben zu planen, beschloss ich, die Gelegenheit ernst zu nehmen. Ich legte alle Vorurteile über das Altern beiseite, mit denen mein Denken damals vollgestopft war, und näherte mich meiner zweiten Geburt mit einer Wunschliste. Was würde ich mir wünschen, wenn ich 100 würde? Sofort tauchten folgende Ideen auf:

Ich möchte noch länger leben, wenn möglich.
Ich möchte gesund bleiben.
Ich möchte einen klaren, wachen Geist behalten.
Ich möchte aktiv sein.
Ich möchte weise geworden sein.

Sowie ich diese Wünsche aufschrieb, geschah etwas Überraschendes: Sie erschienen mir alle erreichbar. Ich weiß, was ich tun muss, um heute gesund zu sein, und ich kann morgen das Gleiche tun. Ich bin immer aktiv gewesen – warum sollte ich also eines Tages lethargisch in einem Sessel versinken und nie wieder aufstehen?
Dank dieser simplen Liste war das Überleben im Alter für mich von einer Bedrohung zu etwas wirklich Wünschenswertem geworden, denn alles, was ich aufgelistet hatte, war mir wirklich wichtig.
Es gibt Gesellschaften, in denen Langlebigkeit als äußerst wertvoll betrachtet wird, und dort, unter den Bedingungen des wirklichen Lebens, haben wir unser bestes Labor zur Altersforschung. Anstatt uns auf Einzelwesen zu konzentrieren, die ein extrem hohes Alter erreicht haben, können wir dort eine ganze Gesellschaft studieren, die von Jugend an auf dieses Ziel hinstrebt. Die Ergebnisse sind erstaunlich.

Geheimnisse der »Langlebigen«

In Abchasien, einer Bergregion im südlichen Russland [Abchasien ist heute eine autonome Republik innerhalb von Georgien (Anm. d. Übers.)], erreichen die Menschen ein geradezu mythologisches Alter. Sie sprechen die einzige mir bekannte Sprache, in der es ein eigenes Wort für Urururgroßeltern gibt, das nur für lebende Personen gilt. Die meisten von ihnen leben in Dörfern und sind einfache, ungebildete Landarbeiter, von denen berichtet wird, dass sie 120, 130 und bis zu 170 Jahre alt werden. Obwohl die Gegend bis in die 1930er-Jahre, als die Sowjets die Sümpfe trockenlegten, viel unter Malaria und Typhus gelitten hat, konnte sich Abchasien rühmen, fünf Mal mehr Hundertjährige zu haben als irgendeine andere Gegend der Welt, und 80 Prozent der »Langlebigen« (sie wurden nie »alt« genannt) waren aktiv und voller Lebenskraft. Männer und Frauen arbeiteten gewöhnlich weit über das offizielle sowjetische Rentenalter von 60 Jahren hinaus in den Teefeldern. Hervorragende Teepflücker erhielten zum 100. Geburtstag eine Urkunde.
Jahrhundertelang war es in Abchasien unüblich, sich im Alter zur Ruhe zu setzen, es sei denn, man war körperlich behindert. Die Liebe zu schwerer Arbeit saß den Abchasiern tief in den Knochen, und es gibt Unterlagen über eine 109-jährige Frau, der in einem Sommer das Entgelt für 49 volle Arbeitstage in den Teefeldern

ausgezahlt worden war. Begünstigt durch ein fruchtbares Land, in dem Getreide, Tomaten und alle Arten von Grundnahrungsmitteln gut gedeihen, lebte die Bevölkerung von selbst gezogenem Gemüse und Milchprodukten, angereichert mit kleinen Mengen Nüssen, Getreide und Fleisch. (Joghurt ist ein fester Bestandteil ihrer Ernährung und hat seit Langem den Ruf, die Langlebigkeit zu unterstützen.) Trotz der Tatsache, dass die meisten der Langlebigen jeden Tag Käse, Milch und Joghurt zu sich nahmen, enthielt ihre Ernährung im Vergleich zu dem, was in unserer westlichen Zivilisation üblich ist, sehr wenig Fette und Kalorien, in der Regel 1500 bis 2000 Kalorien pro Tag.

Wenn wir in unserer Kultur altern, verliert unser Körper an Muskelmasse und ersetzt sie durch Fett. Mit 65 besteht bei Männern und Frauen durchschnittlich die Hälfte des Körpergewichts aus Fett, doppelt so viel wie mit 20 Jahren.

Im Vergleich dazu hatten fast alle der langlebigen Abchasier eine schlanke Figur mit aufrechtem Rücken und festen Muskeln. Selbst die Ältesten von ihnen lebten viel im Freien; im Sommer wanderten sie zu hoch gelegenen Weideplätzen und gruben im Garten ihre Kartoffeln aus. Sogar in Fällen, wo die Herzkranzarterien blockiert waren oder der Herzmuskel andere Schädigungen aufwies, schien sie das nicht aufzuhalten, das von allen praktizierte Wandern und Klettern zu pflegen.

Warum wir Abchasien brauchen

Für mich ist Abchasien ein Ort, an dem das traditionelle Konzept des Altseins nie Wurzeln geschlagen hat. Das Wort wurde verbannt; stattdessen pflegten die Langlebigen einen alterslosen Lebensstil: Sie galoppierten auf ihren Pferden, arbeiteten unter freiem Himmel und sangen in Chören, in denen der Jüngste 70 und der Älteste 110 Jahre alt war. Abchasien hat bewiesen, dass das Alter eine Zeit der Verbesserung sein kann. Die Abchasier stoßen mit dem Trinkspruch »Mögest du so lange leben wie Moses« an und verehren die Langlebigen als Menschen, die ein Ideal erreicht haben.

Das Beste, was die Langlebigen genossen, war ihr Vertrauen in ihre Lebensart. Westlichen Besuchern fiel bei den Abchasiern besonders auf, dass die Menschen dort im Einklang mit den Rhythmen des Lebens lebten – genau das, was wir in unserer Kultur verloren haben.

All die Berichte vermitteln das Bild eines Volkes, das eine natürliche Balance lebt. Statt gegen ungesunde Gewohnheiten anzukämpfen, ist es ihrer Kultur gelungen, in alle Aspekte des Lebens Gesundes einzuflechten.

In seinem Buch »The Methusalem Factors« schreibt der amerikanische Autor und Abchasien-Forscher Dan Georgakas: »Das Gemüse wurde erst kurz vor dem Kochen oder Auftragen geerntet, und wenn zum Essen Fleisch gehörte, zeigte man den Gästen das Tier, bevor es geschlachtet wurde. Alle Reste wurden weggeworfen, weil sie als gesundheitsschädlich galten. Diese Betonung der Frische garantierte, dass zwischen Garten und Tisch nur minimal Nährstoffe verloren gingen. Das meiste wurde roh oder gekocht gegessen, nichts wurde gebraten.«

In jeder Gesellschaft bestimmt die Erwartung das Ergebnis. In einer Kultur, in der Wohlstand als höchstes Ziel gilt, konzentriert sich die ganze Gesellschaft darauf, Geld zu gewinnen. Wer am meisten hat, genießt das höchste Ansehen, und wer arm ist, muss irgendwie versagt haben. In Abchasien lag die Betonung jedoch auf der Langlebigkeit; die ganze Gesellschaft war daher motiviert, dieses Ideal zu verwirklichen. In Amerika gilt eher das Gegenteil: Hohes Alter gilt nicht viel und wird schon gar nicht hoch gepriesen.

Zwischen der amerikanischen und der abchasischen Kultur gibt es große Unterschiede. Lebenslange leichte Ernährung und reichlich körperliche Betätigung müssen wir erst wieder lernen, aber sich auf diese Bestandteile alleine zu fixieren hieße, den Geist von Abchasien zu übersehen, der für mich viel inspirierender ist als die Tatsache, einfach über 100 zu werden.

Die Vereinigten Staaten erlebten zur Jahrhundertwende einen ungeheuren Zuwachs an über Hundertjährigen. Die Zahl lag schon 1993 bei geschätzten 35.800 Menschen; das war doppelt so viel wie 10 Jahre zuvor. Wir haben den Kampf um die Langlebigkeit gewonnen. Jetzt stehen wir vor der Herausforderung, zu einem Land zu werden, in dem sich die Langlebigen noch jung fühlen.

Senilität – die dunkle Angst

Die meisten von uns fürchten sich weniger vor den körperlichen Einschränkungen des Alters als vor den mentalen. In Indien, wo ich aufgewachsen bin, wird Alter immer noch mit Weisheit gleichgesetzt. Im Westen geht man davon aus, mit zunehmendem Alter mental unfähiger zu werden. Als meistgefürchtete Krankheit gilt mittlerweile wohl Alzheimer, das dem Krebs den Rang abgelaufen hat. Ich kenne Sechzigjährige, die wie besessen Artikel und Bücher über Alzheimer studieren und in Panik verfallen, wenn sie die Telefonnummer einer Freundin vergessen haben, weil sie so davon überzeugt sind, die Erkrankung an Alzheimer sei nur eine Frage der Zeit.

Wie das Gehirn dem Alter widersteht

Der Alterungsprozess des Gehirns verursacht nicht zwangsläufig Alzheimer. Man weiß, das Gehirn verändert sich im Lauf der Zeit. Es wird zum Beispiel leichter und schrumpft ein wenig. Gegenwärtig ist unbekannt, warum *ein* altes Gehirn lebendig und kreativ bleibt – man denke nur an Michelangelo, der im Alter von 90 Jahren den Petersdom entwarf, oder an Picasso, der in diesem Alter noch malte, oder Rubinstein, der in der Carnegie Hall Konzerte gab –, während *andere* anfangen, an Funktionalität zu verlieren.

Die Zellen im Gehirn berühren sich nie direkt. Mittels Hunderter oder Tausender von haarartigen Fasern, den Dendriten, stehen sie über einen kleinen Spalt, die sogenannte Synapse, miteinander in Kontakt. Ermutigend ist der wissenschaftliche Beweis, dass sich auch bei älteren Menschen, die geistig aktiv geblieben sind, noch weiter neue Dendriten bilden können.

Aufgrund dieser guten Nachricht über das Altern des Gehirns dürfen wir erwarten, dass es völlig normal ist, in guter mentaler Verfassung zu bleiben.

»Ältere Menschen sind vielleicht nicht mehr so schnell, was ihre geistigen Fähigkeiten betrifft«, bemerkte der Neurologe Robert Terry, »aber sie verlieren deshalb nicht ihre Urteilsfähigkeit, ihre Orientierung oder ihre sprachliche Kompetenz. Menschen wie Picasso, der Cellist Pablo Casals oder die Tänzerin Martha Graham hätten mit nur einem halben Gehirn unmöglich weiter so erfolgreich sein können.«

In hohem Alter die Intelligenz bewahren

Das Thema der Intelligenz im Alter ist ein perfektes Beispiel, wie das lineare Denken die komplexen Veränderungen, die mit der Zeit entstehen, fehlinterpretiert. Der menschliche Geist entwickelt sich mit der Erfahrung in verschiedenen Richtungen. Die Hirnforschung liefert den Nachweis, dass die organischen Veränderungen mit der Erweiterung des Geistes Schritt halten können, aber ebenso wichtig ist das Vertrauen in den Prozess selbst, zu begreifen, dass sich der Geist erweitern will.

Psychologen beweisen zunehmend, dass sich die menschliche Entwicklung bis ins hohe Alter auf höhere Bewusstseinszustände hin entfalten kann und dass jeder altersbedingte Verfall der physischen Gehirnstruktur durch neue geistige Fähigkeiten ausgeglichen wird.

Ich bin überzeugt, wenn durch das »Neue Altern« einmal die Vorurteile gegenüber alten Menschen überwunden sind, werden wir Zeugen eines Aufblühens visionärer Qualitäten sein, die erst im Alter möglich sind. Visionen sind das geheime Band, welches die Jugend und das Alter verbinden.

Im mittleren Alter stellen wir um des Erfolgs und der Sicherheit willen unsere Ideale hintan. Junge Menschen sind oft begeisterte Idealisten, aber erst die Alten können diesen Idealismus mit ihrer Weisheit ausgleichen und vielleicht sogar erweitern. Diese Weisheit ist vielleicht das größte Geschenk der reifen Jahre im menschlichen Lebenszyklus.

Die Grenzen der Medizin

Die meisten Menschen nehmen an, die Gesundheit alter Menschen und die Verlängerung ihrer Lebenserwartung würden vor allem durch die Medizin gesichert, und erwarten daher von den Ärzten Lösungen für degenerative Krankheiten wie Krebs, Herz-Kreislauf-Störungen oder Alzheimer. Das lässt die Tatsache außer Acht, dass erfolgreiches Altern weit mehr ist als die Vermeidung von Krankheiten, auch wenn das natürlich wichtig ist. Es erfordert vielmehr eine lebenslange tägliche Verpflichtung gegenüber sich selbst. Ein Arzt kann helfen, diese Selbstverpflichtung zu verwirklichen, aber die Medizin ist kein Ersatz dafür.
Langlebigkeit ist immer noch eine individuelle Errungenschaft, die vor allem jenen zuteil wird, deren Erwartungen hoch genug sind.
Amerika könnte ein Land werden, in dem nicht jeder im Alter schwach und gebrechlich wird. Damit das möglich wird, müssen wir jedoch den ganzen menschlichen Lebenszyklus als eine ansteigende Kurve betrachten.
Zum Glück gibt es heute kaum noch Alterserscheinungen, die nicht hinterfragt worden sind, und zahlreiche

Studien belegen, dass wir von unseren alternden Körpern viel zu wenig erwarten. Sie bergen vielmehr selbst in hohem Alter noch ein großes Potenzial für Verbesserungen.

Nicht älter, sondern besser

Jeder formt seine Einzigartigkeit mit zunehmendem Alter weiter aus, und zu dieser Einzigartigkeit gehört die Möglichkeit für jede Art von Verbesserung.

Das neue Paradigma geht davon aus, dass wir unseren Körper auf der Quantenebene ständig neu erschaffen und auflösen – was bedeutet, dass wir stets neue verborgene Potenziale entfalten.

Wenn wir bedenken, wie wir unsere körperlichen und mentalen Funktionen jeden Tag, solange wir leben, verbessern können, kommen drei Werte zum Vorschein, die wohl jeder anstrebt:

1. die Langlebigkeit selbst, da das Leben das wichtigste Gut ist;
2. kreative Erfahrungen, die das Leben interessant machen und bewirken, dass wir mehr davon wollen;
3. Weisheit als die kollektive Belohnung für ein langes Leben.

Jeder dieser Bereiche ist unbegrenzt. Kreativität und Weisheit haben Menschen wie Picasso, Shaw, Michelangelo, Tolstoi und andere langlebige Genies bis zum Tag ihres Todes inspiriert.

Psychologen, die sich mit Kreativität befassen, stellen fest, dass Künstler und Schriftsteller oft in ihren Sechzigern und Siebzigern mehr neue Ideen entwickeln als in ihren Zwanzigern. Eine interessante Variable ist: Je später Sie eine kreative Tätigkeit beginnen, desto wahrscheinlicher werden Sie ihr auch im Alter noch nachgehen.

Aktive Meisterschaft bedeutet nicht, Macht über andere zu haben, sondern das persönliche Leben und die eigenen Lebensumstände autonom gestalten zu können.

Das Sinnvollste, wofür es sich zu leben lohnt, liegt darin, das eigene Potenzial voll zu entfalten. Den meisten Menschen sind ihre ruhenden Potenziale nicht bewusst; sie wissen kaum, wie sie 65 Jahre Existenz füllen sollen. Daher ist es äußerst wichtig, nun Ihre Fähigkeiten bewusst zu entwickeln, sich von den sozialen Erwartungen zu befreien und sich das Ziel zu setzen, zum Meister des eigenen Lebens zu werden.

Um Ihnen zu helfen, Ihr ideales Leben zu entwerfen, habe ich zehn Schlüssel zur aktiven Meisterschaft aufgelistet. Sie fassen vieles von dem zusammen, was wir bislang über die Zusammenhänge von Altern und Bewusstsein gelernt haben. Es sind praktische Ideale, die sich jeden Tag umsetzen lassen.

Zehn Schlüssel zur aktiven Meisterschaft

1. Hören Sie auf die Weisheit Ihres Körpers, die in Signalen von Annehmlichkeit und Unannehmlichkeit zum Ausdruck kommt. Vor der Entscheidung für ein bestimmtes Verhalten fragen Sie Ihren Körper: »Wie fühlt sich das für dich an?« Schickt Ihnen Ihr Körper daraufhin ein Signal des körperlichen oder emotionalen Unbehagens, sollten Sie sich vorsehen. Falls Ihnen Ihr Körper ein Signal des Wohlgefühls und der Bereitwilligkeit schickt, entspricht das einer Zustimmung.

2. Leben Sie in der Gegenwart, denn es ist der einzige Augenblick, den Sie haben. Richten Sie Ihre Aufmerksamkeit auf das, was hier und jetzt ist, auf die Fülle jedes Augenblicks. Nehmen Sie alles vollständig an, was Ihnen begegnet, damit Sie es wertschätzen, daraus lernen und es dann wieder loslassen können. Kämpfen Sie nicht gegen den unendlichen Verlauf der Dinge an – leben Sie lieber im Einklang damit.

3. Nehmen Sie sich Zeit für Stille, zur Meditation und für den leisen inneren Dialog. Erkennen Sie in Augenblicken der Stille, wie Sie wieder mit Ihrer Quelle reinen Bewusstseins in Kontakt kom-

men. Achten Sie auf Ihr Innenleben, damit Sie sich mehr von Ihrer Intuition leiten lassen können und weniger von den äußeren Interpretationen dessen, was für Sie gut ist oder nicht.

4. Lösen Sie sich von Ihrem Bedürfnis nach äußerer Anerkennung. Sie allein sind der Richter über Ihren Selbstwert, und Ihr Ziel liegt darin, unabhängig von den Meinungen anderer den unendlichen Wert in sich selbst wiederzuentdecken. Diese Erkenntnis führt zu großer Freiheit.

5. Sofern Sie merken, dass Sie auf eine Person oder auf Umstände mit Ärger oder Opposition reagieren, machen Sie sich klar, dass Sie nur mit sich selbst kämpfen. Wenn Sie sich von diesem Ärger lösen, heilen Sie sich selbst und kommen in Einklang mit dem Fluss des Universums.

6. Seien Sie sich bewusst, dass die Welt »da draußen« ein Spiegelbild der Welt »hier drinnen« ist. Die Menschen, auf die Sie am heftigsten reagieren – sei es mit Liebe oder Hass –, sind Projektionen Ihrer inneren Welt. Was Sie am meisten hassen, das leugnen Sie am meisten in sich selbst. Was Sie am meisten lieben, wünschen Sie sich am dringendsten in Ihnen selbst. Nutzen Sie den

Spiegel Ihrer Beziehungen, um sich in Ihrer Entwicklung leiten zu lassen. Das Ziel ist vollständige Selbsterkenntnis. Wenn Sie das erreichen, wird die Verwirklichung Ihres sehnlichsten Wunsches automatisch erscheinen, und was Sie am wenigsten mögen, wird verschwinden.

7. Entledigen Sie sich der Last des Beurteilens. Sie werden sich dann sehr erleichtert fühlen. Gemeint ist hier das Beurteilen von Situationen in Richtig und Falsch; sie sind einfach das, was sie sind. Die Bewertung anderer spiegelt Ihren Mangel an Selbstannahme. Denken Sie daran, dass jeder Mensch, dem Sie vergeben, zu Ihrer Selbstliebe beiträgt.

8. Belasten Sie Ihren Körper nicht mit Giften, weder durch Nahrung oder Getränke noch durch Emotionen. Die Gesundheit jeder Zelle trägt direkt zu Ihrem Wohlbefinden bei, denn jede Zelle ist ein Punkt der Wahrnehmung im Feld des Bewusstseins, das Sie sind.

9. Handeln Sie nicht mehr aus Angst, sondern aus Liebe. Angst ist das Ergebnis von Erinnerungen, die auf der Vergangenheit beruhen. Der Versuch, der Gegenwart die Vergangenheit aufzudrängen,

wird nie verhindern, dass Sie neu verletzt werden könnten. Das geschieht nur durch die Sicherheit im eigenen Sein, in der Liebe.

10. Erkennen Sie, dass die physische Welt nur ein Spiegel einer tieferen Intelligenz ist. Intelligenz ist das, was alle Materie und Energie unsichtbar organisiert, und Sie haben an dieser ordnenden Kraft des Universums teil. Ein Leben in Ausgeglichenheit und Reinheit ist das höchste Wohl für Sie und für die Erde.

Das Leben ist ein schöpferisches Unterfangen. Es gibt viele Ebenen der Schöpfung und daher viele Ebenen möglicher Meisterschaft. Aktive Meisterschaft ist nicht nur ein Weg, um sehr alt zu werden – sie ist der Weg zur Freiheit.

Die praktische Umsetzung

Der Atem des Lebens

In ihrer höchsten Vollendung bedeutet aktive Meisterschaft den Umgang mit der Ganzheit des Lebens. Sie ist ein Prozess der Integration, denn gewöhnlich sind viele Aspekte des Denkens getrennt vom Körper oder in Disharmonie mit ihm, und beides ist getrennt vom spirituellen Geist.

All diese Bestandteile wieder zu vereinen, ist weder allein auf der mentalen noch allein auf der körperlichen Ebene möglich. Wenn wir uns auf das eine konzentrieren, neigen wir dazu, das andere nicht mehr zu bemerken. Einheit lässt sich in den tiefen Bewusstseinsebenen der Meditation erfahren, wenn die Dualität von Körper und Geist aufgehoben wird, aber diese Erfahrung währt meistens nur so lange, wie die Meditation dauert. Wie kann die Integration während der übrigen Stunden unseres Lebens stattfinden?

Vor Tausenden von Jahren entdeckten die alten indischen Weisen darauf eine Antwort: Prana. Prana, die subtilste Form von biologischer Energie, ist in jedem mentalen und physischen Ereignis präsent. Es fließt direkt aus dem spirituellen Geist, dem reinen Bewusstsein, und versorgt jeden Aspekt des Lebens mit Intelligenz und Bewusstsein.

Die hohe Bedeutung dieser Lebensenergie ist in vielen Kulturen gewürdigt worden. Die Chinesen bezeichnen sie als »Chi« und steuern sie durch Akupunktur, Meditation und Körperübungen wie Tai-Chi. Im Sufismus, im mystischen Christentum und in den alten ägyptischen Lehren hat man dafür andere Bezeichnungen.

All diese Traditionen stimmen jedoch darin überein, dass der Mensch in seinen mentalen und physischen Prozessen umso lebendiger ist, je mehr Prana er zur Verfügung hat.

Erschöpftes Prana steht in direkter Verbindung mit dem Altern und dem Tod. Nichts kann ohne Prana überleben, denn Prana ist Intelligenz und Bewusstsein, zwei entscheidende Bestandteile aller belebten Materie.

In Indien wird der Körper zunächst als ein Produkt des Bewusstseins und nur sekundär als materielles Objekt betrachtet. Das Speichern von Prana gilt als höchst bedeutsam.

Ein gesundes, durch möglichst viel Prana geprägtes Leben erfordert Folgendes:

- frische Nahrung
- reine Luft und reines Wasser
- Sonnenlicht
- maßvolle körperliche Ertüchtigung
- ausgeglichenen, verfeinerten Atem
- gewaltfreies Verhalten und Verehrung des Lebens
- liebevolle, positive Emotionen; freien Ausdruck der Gefühle

Vergegenwärtigen Sie sich den Unterschied zwischen einem Salat, dessen Zutaten Sie gerade frisch im Garten gepflückt haben, und dem entsprechenden Salat aus den Regalen im Supermarkt. Vergleichen Sie ein Picknick in den Bergen mit einer Mahlzeit in einem Hamburger-Restaurant. Die Frische gewährleistet Prana; Schalheit hingegen verweist auf die Abwesenheit von Prana.

Der in unserer Kultur am wenigsten berücksichtigte Faktor ist der ausgeglichene Atem, der in Indien als höchst wichtig betrachtet wird. Der Atem ist der Berührungspunkt zwischen Körper, mentalem Geist und spirituellem Geist. Jede Veränderung des mentalen Zustands spiegelt sich im Atem und dann im Körper wider.

Die verschiedenen Systeme des indischen Yoga lehren viele verschiedene Arten konzentrierter Atemübungen, das sogenannte »Pranayama«, um den Atem ins Gleichgewicht zu bringen, aber das Ziel heißt nicht, den Atem im Alltag immer unter Kontrolle zu haben. Die Aufmerksamkeit auf den Atem dient vielmehr der Auflösung von Stress und gibt dem Körper die Möglichkeit, sein Gleichgewicht wiederzufinden. Einmal ausgeglichen, fließt der yogische Atem spontan und fein, sodass die verfeinerten Emotionen der Liebe und Hingabe auf allen Ebenen durch den Körper dringen können. Wenn Ihre Zellen die Fülle des Pranas erleben, empfangen sie das physische Äquivalent genau dieser Gefühle.

Die beiden folgenden Übungen dienen dem Ausgleich des Atems. Richtig durchgeführt, können Sie durch diese Übungen Prana als leichte, belebende, fließende Körperempfindung erfahren. Auf der mentalen Ebene spiegelt sich der ausgeglichene Atem in einem Zustand der Ruhe. Spannungen lassen nach und das Knistern der ruhelosen Gedanken weicht der Stille.

Erste Übung: Körperatmung

Setzen Sie sich ruhig auf einen Stuhl. Hören Sie sanfte Musik oder, falls Sie im Freien sind, auf das Rauschen der Bäume. Während Sie lauschen, lassen Sie Ihre Aufmerksamkeit beim Ausatmen sanft aus Ihren Ohren gleiten. Wiederholen Sie das eine Minute lang und tun Sie dann das Gleiche durch Ihre Augen: Lassen Sie Ihre Aufmerksamkeit sanft mit dem Atem aus Ihren Augen fließen. Wiederholen Sie das Gleiche mit der Nase und dem Mund. Sitzen Sie danach eine Weile da und lauschen Sie mit dem ganzen Körper der Musik.
Jetzt lassen Sie Ihre Aufmerksamkeit in Ihre Brust sinken. Spüren Sie, wo Ihr Herzzentrum ist (etwa am unteren Ende des Brustbeins) und atmen Sie dort gleichsam aus. Lassen Sie Ihre Aufmerksamkeit mit dem Atem mitfließen. Fahren Sie etwa eine Minute lang damit fort und sitzen Sie dann einfach still, während Sie sich Ihres Körpers bewusst sind.

Diese Übung verbindet bewusst die Atmung und das Nervensystem und fördert ihre sanfte Integration. Wahrzunehmen, wie Ihre Aufmerksamkeit mit Ihrem Atem aus Ihnen hinausströmt, schenkt Ihnen eine kraftvolle Erfahrung der Harmonie mit der Natur.

Zweite Übung:
Das sich ausbreitende Licht

Stehen Sie in Strümpfen oder barfuß auf dem Boden. Die Augen sind geschlossen, die Arme sind ganz locker und entspannt. Vergegenwärtigen Sie sich lebhaft Ihre letzte freudige Erfahrung mit all den dazugehörigen Empfindungen. Versetzen Sie sich in das Gefühl, glücklich, lebendig und sorglos zu sein.

Währenddessen atmen Sie langsam durch die Nase ein und beginnen, Ihre Arme auszubreiten. Stellen Sie sich beim Einatmen vor, wie sich Ihr Atem von der Brust aus erweitert. Er ist ein sich ausbreitendes Licht, das Ihre Arme mühelos emporschweben lässt, und in dem Maße, wie sich das Licht ausbreitet, erweitern sich auch Ihre glücklichen, begeisterten Gefühle.

Lassen Sie das Licht so langsam oder schnell wachsen, wie es will. Es breitet sich vom Mittelpunkt Ihres Herzens aus bis zu Ihren Fingerspitzen, hinauf bis in Ihren Kopf und nach unten bis zu Ihren Zehen. Sie werden zu lächeln anfangen, also lassen Sie auch Ihr Lächeln wachsen.

Wenn die maximale Ausbreitung erreicht ist, fangen Sie allmählich an, wieder durch die Nase auszuatmen. Dabei lassen Sie die Arme seitlich herabsinken. Lassen Sie sich dabei Zeit; das Ausatmen darf gerne länger dauern als das Einatmen. Holen Sie das erweiterte Licht und das

Gefühl zurück in Ihre Brust, bis es wieder klein und in Ihrem Herzen ist. Mit den sinkenden Armen neigen Sie auch den Kopf entspannt nach vorne.

Wiederholen Sie die Übung beim nächsten Atemzug. Erweitern Sie erneut das Gefühl. Achten Sie dabei weniger auf die Körperbewegung als auf das Fühlen. Mit jedem Atemzug öffnen und schließen Sie sich wie eine Blume.

Sie werden feststellen, dass diese Übung äußerst angenehm ist. Wenn Sie sich öffnen, füllt sich der Körper mit Atem, Bewusstheit und Vergnügen zugleich – das Empfinden ist leicht, warm und kribbelnd. Wenn Sie sich schließen, entspannt sich der Körper und sinkt unter seinem eigenen Gewicht ein wenig zusammen. Das erdet und beruhigt ihn. Sie erkunden dabei eine ganze Bandbreite von Gefühlen; dadurch kann der feinstoffliche Atem in alle Kanäle fließen.

Den Bann der Sterblichkeit brechen

Die ultimative Grenze des menschlichen Lebens ist der Tod, und seit Tausenden von Jahren haben wir versucht, dieses Limit zu überwinden. Trotz der offensichtlichen Sterblichkeit unseres Körpers tauchen immer wieder Augenblicke auf, in denen eine Ahnung von Unsterblichkeit durchschimmert.

Manche Menschen scheinen in Nahtoderfahrungen mit diesem zeitlosen Reich in Kontakt gelangt zu sein, aber man kann auch im täglichen Leben Zugang dazu finden. Unsere erste Welt ist die Welt der Tat und der Aktivität. Doch es gibt Momente, in denen die zweite Welt blitzartig offenkundig wird und uns mit ihrem Frieden, ihrer Freude und ihrer Klarheit einen unvergesslichen Eindruck davon beschert, wer wir wirklich sind.

Ist die zweite Welt in uns, dann ist es die erste ebenso,

denn alles, was in der Welt gesehen, gefühlt und berührt werden kann, ist für uns nur durch das Aufblitzen neuronaler Signale in unserem Gehirn wahrnehmbar. Alles ereignet sich hier drinnen.

In der ersten Welt gehören Krankheit, Altern und Tod unweigerlich mit dazu; in der zweiten Welt des reinen Seins gibt es nichts davon. Diese Welt in uns zu entdecken und zu erfahren – und sei es nur für einen Augenblick –, könnte daher von tief greifender Wirkung auf den Prozess des Krankseins und Alterns und vielleicht sogar des Sterbens sein.

Im neuen Paradigma sind wir sicher, dass es eine Ebene der Natur gibt, wo sich die Zeit auflöst – oder, um es umzudrehen, wo Zeit entsteht. Es hat drei Generationen gedauert, bis uns das neue Paradigma gezeigt hat, dass das Sein ein sehr realer Zustand ist, der jenseits von Veränderung und Tod existiert, ein Zustand, in dem die Naturgesetze der Veränderung nicht mehr gelten.

Der Tod ist letztlich nur eine weitere Transformation von einer Konfiguration von Materie und Energie in eine andere. Doch solange Sie nicht außerhalb der Arena der Veränderung stehen können, erscheint der Tod als Endpunkt, als ein Verlöschen. Dem Tod zu entkommen, bedeutet letztlich, der Weltanschauung zu entkommen, die dem Tod den schrecklichen Beigeschmack von Endgültigkeit verleiht.

Ist der Bann der Sterblichkeit gebrochen, können Sie die

Angst loslassen, die dem Tod Macht verleiht. Wenn Sie die Angst durchschauen, können Sie sie in eine positive Kraft verwandeln.

»Lassen Sie sich von Ihrer Angst vor dem Tod motivieren, Ihren wahren Wert zu erkunden und einen Traum von Ihrem eigenen Leben zu entwickeln«, empfiehlt Dr. David Viscott. »Lassen Sie sich darin bestärken, den Augenblick zu schätzen, aus ihm heraus zu handeln und ihn zu leben.«

Ich gehe sogar noch weiter: Wenn Sie sich selbst als zeitloses, unsterbliches Wesen betrachten, erwacht jede Ihrer Zellen zu einer neuen Existenz. Wahre Unsterblichkeit kann hier und jetzt erfahren werden, in diesem lebendigen Körper. Das ist die Erfahrung des zeitlosen Geistes und des alterslosen Körpers, auf die uns das neue Paradigma vorbereitet.

Der Stoffwechsel der Zeit

Zu Einsteins brillanten Beiträgen zur modernen Physik gehört seine intuitive Erkenntnis, dass die lineare Zeit mit allem, was darin geschieht, nur eine oberflächliche Wahrnehmung ist. Einstein ersetzte die lineare Zeit mit etwas Fließenderem, mit einer Zeit, die sich zusammenziehen und erweitern kann, verlangsamen und beschleunigen. Er verglich das oft mit der subjektiven Zeit, wenn er erklärte, dass uns eine Minute auf einem heißen Ofen vorkommen kann wie eine Stunde, während eine Stunde mit einer schönen Frau uns vielleicht wie eine Minute erscheint. Das heißt, die Zeit ist abhängig von der Situation des Beobachters.

Wir alle kennen das Gefühl, dass sich die Zeit erweitert oder schrumpft, dass sie sich manchmal in die Länge zieht und im nächsten Augenblick dahinrast. Aber was ist die Konstante, das Absolute? Ich glaube, es ist das »Ich«, unsere innerste Wahrnehmung unserer selbst. Wenn Sie sich langweilen, verstreicht die Zeit nur zäh; sind Sie verzweifelt, dann scheint sie Ihnen zu entrinnen; sind Sie begeistert, vergeht sie wie im Flug; sind Sie verliebt, steht die Zeit still. Zeit im subjektiven Sinn ist ein Spiegel.

Wir alle spüren jedoch den Druck eines ernsten, bedrohlichen Termins, über den wir keine Kontrolle haben: unseren Tod. Die Haltung, dass das Leben kein Rennen, sondern ein Aufblühen ist, ist erreichbar, doch nicht wenn Sie meinen, die Zeit läuft ab. Senden Sie Ihren Zellen diese Botschaft, dann programmieren Sie sie auf Altern und Sterben. Doch Tatsache ist, dass die lineare Zeit unerbittlich vorwärtsschreitet, und um das zu überwinden, müssen wir einen Zustand finden, in dem wir eine andere Art von Zeit – oder Nicht-Zeit – erfahren und verinnerlichen können.

Zeitgebundenes und zeitloses Bewusstsein

In diesem Buch weise ich wiederholt darauf hin, dass die Art Ihres Alterns davon abhängt, wie Sie Ihre Erfahrungen verarbeiten. Letztendlich ist dabei am wichtigsten, wie Sie Zeit verarbeiten, denn Zeit ist die fundamentalste Erfahrung.

Es ist möglich, eine Erfahrung von Zeitlosigkeit zu machen, und wenn das geschieht, verschiebt sich das Bewusstsein von Zeitgebundenheit zu Zeitlosigkeit.

Zeitgebundenes Bewusstsein zeichnet sich aus durch:

- äußere Ziele (Bestätigung durch andere, materiellen Besitz, Gehalt, beruflichen Erfolg)
- Fristen und Zeitdruck
- ein Selbstbild, das aus vergangenen Erfahrungen besteht
- Lehren, die aus Verletzungen und Versagen gezogen wurden
- Angst vor Veränderung und Tod
- Ablenkung durch Vergangenheit und Zukunft (Sorgen, Reue, Erwartungen, Fantasien)
- Verlangen nach Sicherheit
- Selbstsucht, eine begrenzte Weltsicht (typische Motivation: Was habe ich davon?)

Zeitloses Bewusstsein zeichnet sich aus durch:

- Gespür für die persönliche Unsterblichkeit
- innere Ziele (Glücklichsein, Selbstannahme, Kreativität; Zufriedenheit des Wissens, immer das Bestmögliche zu tun)
- Freiheit von Zeitdruck; Gefühl, dass Zeit in Fülle vorhanden ist und kein Ende hat

- wenig Gedanken ans eigene Selbstbild; Handeln aus dem Augenblick heraus
- Verlass auf die Intuition und Impulse aus der Imagination
- Gelassenheit gegenüber Veränderungen und Aufruhr; keine Angst vor dem Tod
- positive Erfahrungen des Seins
- Selbstlosigkeit; Empfinden, Teil der Menschheit zu sein

Ich habe diese Punkte hier zwar einander gegenübergestellt, doch tatsächlich gibt es eine ganze Bandbreite von Erfahrungen zwischen der vollständigen Zeitgebundenheit und der vollständigen Zeitlosigkeit des Bewusstseins.

Die meisten Menschen haben kaum eine Ahnung, wie sehr sie sich darum bemühen, sich in der Falle des zeitgebundenen Bewusstseins zu halten. In ihrem natürlichen Zustand versuchen Körper und Geist, sich negativer Energien zu entledigen, sobald sie wahrgenommen werden.
Ein Säugling weint, wenn er Hunger hat, strampelt, wenn er sich ärgert, und schläft ein, wenn er müde ist. Als Erwachsene unterdrücken wir diese Art spontanen Ausdrucks jedoch weitgehend zugunsten eines Verhaltens, das uns sicherer oder sozial anerkannter erscheint; ein Verhalten, das uns unserem Ziel näher bringen könn-

te oder einfach unserer Gewohnheit entspricht. Doch der Verlust von Spontaneität ist nicht die einzige Konsequenz davon, nicht in der Gegenwart zu leben: Was ich noch nicht erwähnt habe, ist der damit einhergehende Verlust der Zeitlosigkeit.

Wenn sich der menschliche Organismus seiner negativen Erfahrungen wirksam entledigen kann, ist der Geist frei von Sorgen um die Vergangenheit oder Zukunft; es gibt weder Erwartungen noch Bedenken, noch Reue. Das bedeutet, dass der Geist offen ist für das Sein, den einfachsten Zustand des Bewusstseins. Leider ist unser normales Leben weit von diesem Zustand entfernt. Wir alle sind zeitgebunden, und nur sehr selten – meistens dann, wenn wir es am wenigsten erwarten – gelingt uns ein Durchbruch zu einer bewussten Erfahrung unseres wahren Seins.

Das Empfinden von Freiheit, nachdem alte Lasten abgelegt sind, stellt sich automatisch ein, wenn ein Mensch aufhört, sich nur auf sein begrenztes Selbst zu beziehen. In Augenblicken tiefster Bewusstheit transzendieren wir unser Selbstbild vollständig. Paradoxerweise sagen die spirituellen Meister, wir erfahren gerade dann unser wahres Selbst, denn erst die vollständige Abwesenheit von Selbstbildern enthüllt das reine Selbst. Im Vergleich zu der Starrheit des gewöhnlichen Ich-Gefühls ist dieses Selbst ein lebendiges, fließendes Empfinden von Identität, das sich nie erschöpft. Es ist ein Zustand jenseits der Veränderung, unabhängig davon, ob Sie ihn als Säugling, Kind, Jugendlicher oder als alter Mensch erfahren. Die zeitgebundene Existenz ist nicht ganz und kann es nie sein, denn sie besteht definitionsgemäß aus Bruchstücken.

Der Bann der Sterblichkeit

Die Illusion des Todes überwinden

Dieses Gefühl des Einsseins mit den Dingen schenkt Sicherheit und Freiheit von Bedrohung. Wenn der Alterungsprozess fortschreitet, weil wir uns innerlich bedroht fühlen, können wir es uns nicht leisten, mit unserer gegenwärtigen Todesangst zu leben. Der Tod ist nicht wirklich die Allmacht, als die wir ihn in unserer Angst betrachten. In der Natur ist der Tod ein Teil des größeren Zyklus von Geburt und Erneuerung. Samen keimen, wachsen, blühen und erzeugen die Samen fürs nächste Jahr. Die Zyklen der endlosen Erneuerung sind nicht über den Tod erhaben – sie beziehen ihn mit ein und nutzen ihn für einen höheren Zweck. Dasselbe gilt für unseren Körper: Viele Zellen altern und sterben freiwillig – nicht weil der grimmige »Sensenmann« sie dazu zwingt.

Im Griff der Illusionen

Um sich dem Griff des Todes zu entziehen, müssen Sie verstehen, dass er auf einer ganz bestimmten, selektiven Sicht der Wirklichkeit beruht, die Ihnen vermittelt wurde, noch bevor Sie sich bewusst dafür entscheiden konnten. In dem Augenblick, da Sie zum ersten Mal mit dem Tod in Berührung kamen, so meinen manche Psychologen, haben Sie sich eine Anschauung angeeignet, die die Menschheit seit Jahrhunderten prägt. Ihre Überzeugung, mit dem Tod höre alles auf, hat Ihren Körper dazu verdammt, zu verfallen, zu altern und zu sterben, genau wie es so viele andere vor Ihnen getan haben.

Nicht der Tod selbst bedroht uns so sehr, sondern seine Unausweichlichkeit. Sie glauben vielleicht, der Tod sei eine schreckliche Angelegenheit, die Sie in der Zukunft irgendwann erwartet, aber tatsächlich sterben gewisse Anteile Ihres Körpers in jeder Sekunde. Teile Ihrer Magenschleimhaut sterben jedes Mal, wenn Sie Nahrung zu sich genommen haben, werden jedoch durch neues Gewebe ersetzt. Dasselbe gilt für Ihr Haar, Ihre Haut, Zehennägel, Blutzellen und alle anderen Gewebe.

Sie halten den Tod vielleicht für Ihren Feind, aber alle Ihre Zellen sterben, um Sie am Leben zu erhalten. Wenn Ihre Magenschleimhaut nicht immer wieder stürbe und erneuert würde, fräßen die Magensäfte innerhalb von ein paar Stunden ein Loch in die Magenwand – dann würden Sie ganz und gar sterben. Die Trennlinie zwischen dem Lebenden und dem Toten verschwimmt immer mehr, je näher man hinschaut. Muskelzellen haben einen schnelleren Entwicklungszyklus als Fettzellen; Hirn-, Herz- und Leberzellen verdoppeln sich nach der Geburt kaum noch, während Magen-, Haut- und Blutzellen im Verlauf von Stunden, Tagen, Wochen und Monaten erneuert werden.

Manche Menschen beschäftigen sich nicht mit all diesen Gedanken um Tod und Sterben und leugnen jegliches Interesse daran. Sie fürchten den Tod nicht, sagen sie, und wenn doch, dann empfinden sie diese Angst nicht als so mächtig, wie ich es beschrieben habe. Doch in uns wirken auch unbewusste Kräfte. Wir mögen zwar alle zugeben, dass wir sterben werden, aber außer in Situationen, wo wir mit Toten oder Sterbenden zusammen sind, lassen wir seine Bedrohung nicht an uns heran.

Die Tatsache, dass wir uns vor diesem Gefühl der Bedrohung schützen, heißt nicht, dass wir uns nicht bedroht fühlten. Auch aus dem tiefen, verborgenen Dunkel hat diese Angst immer noch Macht über uns.

Der Punkt ist nicht, dass der Tod eine Erfindung sei, sondern dass unser Glaube an den Tod unnötige Beschränkungen erzeugt.

Der Nutzen des Sterbens

Es ist eine verbreitete Haltung, den Tod irgendwie als unnatürlich und daher als böse oder schlecht zu empfinden. Ich bin hier jedoch anderer Meinung. Die Natur ist sehr freizügig und flexibel, was den Nutzen des Todes anbelangt, und im größeren Zusammenhang erscheint die Frage nach Gut und Böse eher nebensächlich.

Schauen Sie sich die DNA an: Sie hat längst das Geheimnis altersloser Zellen entdeckt. Der Süßwasserpolyp zum Beispiel ist ein primitives Wassertier, das mit demselben Tempo neue Zellen bildet, wie alte absterben. Er wächst immer an einem Ende und stirbt am anderen und erneuert den Körper auf diese Weise alle zwei Wochen. Hier sind Schöpfung und Zerstörung in einem vollendeten Gleichgewicht, ohne Raum für den Tod.

Selbst bei höheren Organismen hat die DNA eine gewisse Kontrolle über den Tod. Die gemeine Honigbiene etwa kann ihr Alter beliebig verändern. In jedem Bienenstock gibt es junge Arbeitsbienen, deren Aufgabe es ist, im Stock zu bleiben und sich um die jungen Larven zu kümmern. Nach drei Wochen wachsen diese Arbeitsbienen weiter und werden zu ausgereiften Sammlerbienen, die draußen den Pollen sammeln. Manchmal kann es jedoch passieren, dass es irgendwann zu viele Arbeitsbienen oder zu viele Sammlerbienen sind. Im Frühling zum Beispiel schlüpfen manchmal so viele Larven, dass es im Verhältnis dazu zu wenig reife Sammlerbienen gibt. Manche der jungen Arbeitsbienen reifen dann in einer Woche statt in drei heran und fliegen los, um Nahrung zu besorgen.

Mit nur geringfügigen Veränderungen ließe sich dieses Modell auch auf den menschlichen Körper übertragen: Er ist wie ein gigantischer Bienenkorb aus 50 Billionen Zellen, die altern oder jung bleiben, je nachdem, was die gesamte Gemeinschaft gerade braucht.

Daraus ergibt sich die Frage: Wie können wir lernen, in dieser Kontinuität zu leben, die der Gesamtheit des Lebens entspricht? Was ist mit dem niederschmetternden Schmerz von Eltern, deren Kind stirbt, oder einer Frau, die ihren Mann verliert? Diese Gefühle sind nur natürlich, doch sie brauchen nicht markerschütternd und anhaltend zu sein, wenn die Betroffenen in der Wirklichkeit verankert sind, dass das Leben ein ewiger Fluss ist, in dem es weder Gewinne noch Verluste gibt, sondern nur Transformation.

In einem seiner Sonette schrieb Shakespeare: »Mir graut zu lieben, was ich zu verlieren fürchte.« Das ist das unausweichliche Ergebnis der Anhaftung an das zeitgebundene Bewusstsein. Das neue Paradigma geht jedoch davon aus, dass das Bewusstsein die Quelle der Wirklichkeit ist und dass das zeitgebundene Bewusstsein eine ganz andere Wirklichkeit hervorbringt als das zeitlose Bewusstsein. Wir alle erleben Aspekte beider Wirklichkeiten, weil unser Bewusstsein fließend ist. Diese Beweglichkeit ist das wahre Genie des menschlichen Bewusstseins, denn es lässt alle Möglichkeiten offen. Allerdings bringt es ganz offensichtliche Vorteile, dauerhaft in einem zeitlosen Bewusstsein zu leben.

Wir Menschen sind nicht in der Zeit gefangen, hineingepresst in den Umfang eines Körpers und einer Lebensspanne. Wir sind Reisende auf dem unendlichen Fluss des Lebens.

Die Unsterblichkeit beginnt sich am Horizont zu zeigen, sobald Sie erkennen, dass Sie Ihren Platz im ewigen Fluss verdient haben. Die Natur wartet nur darauf, Ihnen dieses höchste Geschenk zu verehren. Uns seit Jahrmillionen nährend, singen das Meer, die Luft und die Sonne immer noch das Lied, das auch wir wieder zu schätzen lernen müssen.

Die praktische Umsetzung

Der zeitlose Weg

Solange die Schöpfung Ihre Existenz dominiert, werden Sie weiterwachsen und sich entwickeln. Die Evolution gebietet der Entropie, dem Verfall und dem Altern Einhalt. Dieses Verständnis ist allen außergewöhnlich kreativen Menschen zu eigen. Sie entwickeln sich weiter in dem Bewusstsein, dass sie die Quelle ihrer eigenen Kraft sind. Bestimmte Merkmale sind bei ihnen quer durch alle Lebensbereiche zu finden:

1. Sie sind fähig, sich mit der Stille zu verbinden und sie zu genießen.

2. Sie verbinden sich mit der Natur und genießen sie.

3. Sie trauen ihren Gefühlen.

4. Sie bleiben zentriert und funktionsfähig, auch wenn Verwirrung oder Chaos herrschen.

5. Sie sind wie die Kinder und erfreuen sich an Spiel und Fantasie.

6. Sie beziehen sich auf sich selbst: Sie setzen ihr ganzes Vertrauen in ihr eigenes Bewusstsein.

7. Sie klammern sich nicht an eine bestimmte Sichtweise: Obwohl sie mit Leidenschaft kreativ sind, bleiben sie doch offen für neue Möglichkeiten.

Diese sieben Punkte geben uns eine praktische Leitlinie, an der wir messen können, wie kreativ unser Leben vorwärtsgeht. Die folgende Übung hilft, diese Bereiche zu entwickeln und zu stärken.

Erste Übung:
Die Planung kreativen Tuns

Stellen Sie für die nächsten sechs Monate einen Aktionsplan auf, der auf den soeben erwähnten sieben Qualitäten höchst kreativer Menschen beruht. Sie brauchen nicht jeden Tag jeden der Punkte zu berücksichtigen. Schaffen Sie einfach Gelegenheiten dafür, dass sich diese Aspekte Ihres Lebens vollständiger entfalten können.

1. Die Erfahrung der Stille

Nehmen Sie sich Zeit, um Stille zu erfahren. Idealerweise wäre das eine kurze Meditation (15 bis 30 Minuten) am Morgen, bevor Sie aus dem Haus gehen, und das Gleiche am Abend direkt nach dem Heimkommen. Dies ist eine Zeit, um einfach zu *sein,* doch gerade diese Einfachheit kann sie zu der wertvollsten Zeit Ihres Lebens machen. Stille ist ein kostbares Gut, vor allem in der Unruhe und Hektik der modernen Gesellschaft. Stille ist eine großartige Lehrerin, doch um ihre Lektionen zu lernen, müssen Sie ihr Aufmerksamkeit schenken.

2. Zeit in der Natur

Planen Sie regelmäßig Zeit in der Natur ein. Es gibt keine gesündere Art, aufgestaute Energien loszuwerden.

Das Körper-Geist-System wirft von alleine alles Überflüssige ab, wenn Sie sich aus den künstlichen Umfeldern der modernen Welt heraus und in die Natur begeben.

Sofern es ein Stückchen Erde gibt, auf das Sie sich legen können, um sich mit ausgebreiteten Armen von der Sonne bescheinen zu lassen, nutzen Sie es! Wenn nicht, schauen Sie, welche Art von Naturerfahrung in Ihrer Umgebung möglich ist. Halten Sie abends einen Augenblick inne, um den Sonnenuntergang zu genießen, oder nehmen Sie sich Zeit, den Mond und die Sterne zu bewundern.

Selbst mitten in der Großstadt können Sie auf Ihrem Fensterbrett einem Samen beim Keimen und Wachsen zusehen oder auf einer Dachterrasse den Sonnenschein genießen.

Wie auch immer es Ihnen möglich ist – gönnen Sie sich regelmäßig wenigstens ein paar Augenblicke der Frische und spüren Sie die nährende Berührung der Erde, der Sonnenstrahlen und des Himmels.

3. Gefühle erfahren und ihnen vertrauen

Beginnen Sie, ein Tagebuch Ihrer Gefühle zu führen. Stellen Sie einfach eine Liste einiger zentraler Emotionen zusammen und notieren Sie im Lauf des Tages für jedes ein Beispiel. Beginnen Sie mit grundlegenden positiven Gefühlen wie:

Akzeptanz	Freude	Freundlichkeit
Glück	Liebe	Mitgefühl
Vertrauen	Zuneigung	

Als Nächstes können Sie eine Reihe etwas abstrakterer Emotionen aufführen, die mit Kreativität und persönlichem Wachstum einhergehen:

Entdeckung	Erkenntnis	Frieden
Glauben	Intuition	Offenbarung
Transzendenz	Vergebung	Verschmelzen

Und als Letztes notieren Sie grundlegende negative Gefühle wie:

Ängstlichkeit	Ärger	Egoismus
Gier	Kummer	Misstrauen
Neid	Schuld	

Schauen Sie sich diese Listen morgens an und nehmen Sie sie mit zur Arbeit, um sich zu erinnern. Am besten notieren und beschreiben Sie Ihre Gefühle mit ein paar Details, machen sich bewusst, wie stark das jeweilige Gefühl war, durch welche Umstände es ausgelöst wurde und was dieses Gefühl für Sie bedeutet. Falls Sie höchst ungern schreiben, können Sie sich die Liste einfach immer wieder anschauen und sich die Gefühle und die

Situationen im Stillen vergegenwärtigen. Diese Art von Tagebuch dient folgenden Zielen:

1. Sie entdecken, wie oft Sie etwas fühlen, ohne es recht zu bemerken.

2. Sie lassen spontan Gefühle zum Ausdruck kommen, die Sie sonst vielleicht unterdrücken oder verdrängen würden.

3. Sie lernen Ihre Emotionen wirklich kennen. Das ist der erste Schritt, um sie zu meistern.

4. Sie lernen, Ihre Emotionen zu genießen. Ein gefühlvolles Leben ist reichhaltig und befriedigend, doch wenn Ihnen Ihre Gefühle fremd sind, können Sie sie nicht genießen.

Bedeutsam ist dabei, sich nicht zu sehr auf die negativen Emotionen zu konzentrieren, die für die meisten Menschen am leichtesten wahrzunehmen sind und die sich am ehesten einstellen. Ich lade Sie ein, sich Ihrer negativen Gefühle bewusst zu werden, damit Sie ihre Ursprünge erkennen.

Wirklich mit den eigenen Gefühlen in Kontakt zu sein, erscheint vor allem bei der Arbeit und bei anderen Aktivitäten zunächst ungeheuer schwierig. Doch nichts ist wichtiger, als dass Sie Ihre Gefühle wahrnehmen. Sie sind die Gesamtheit all Ihrer Beziehungen, und Ihre Emotionen sind der beste Spiegel dafür.

4. Zentriert bleiben mitten im Chaos

Um zentriert und ruhig zu bleiben, wenn um Sie herum Verwirrung herrscht, müssen Sie die Fähigkeit entwickeln, immer wieder in Ihre Mitte zu finden. Suchen Sie sich dafür zwei besonders hektische und stressige Zeiten im Lauf Ihres Arbeitstages aus. Und dann planen Sie für sich jeweils fünf Minuten direkt davor ein, in denen Sie die folgende Technik üben:

Finden Sie einen ruhigen Ort, an dem Sie allein sein können. Setzen Sie sich bequem hin und schließen Sie die Augen. Achten Sie auf Ihren Atem. Sehen Sie die Luft als zarte Wirbel, die in Ihre Nase hinein und sanft wieder aus ihr heraus strömen.
Nach etwa zwei Minuten fangen Sie an, Ihren Körper zu spüren (die Empfindungen in Ihrem Körper oder auf Ihrer Haut, das Gewicht Ihrer Glieder etc.).
Nach einer weiteren Minute bringen Sie Ihre Aufmerksamkeit sanft in die Mitte Ihrer Brust und lassen sie dort entspannt ruhen. Wenige Sekunden später wird Ihre Aufmerksamkeit wahrscheinlich abgelenkt werden. Leis-

ten Sie keinen Widerstand, sondern kehren Sie mit Ihrem Fokus einfach sanft in Ihre Brust zurück, wenn Sie bemerken, dass Ihre Gedanken abwandern. Beenden Sie die Übung, indem Sie still dasitzen und nichts tun.

Diese äußerst einfache Übung produziert oft eine enorme Entladung von negativer Energie: Sie können spüren, wie sich ein großes Gewicht von Ihren Schultern hebt und Leichtigkeit sowie Ruhe Ihren Körper durchströmen. Vor allem können Sie dabei die Erfahrung machen, dass Zentriertsein die natürlichste und angenehmste Art ist, jeder Situation zu begegnen, und sei sie noch so hektisch.

5. Wie ein Kind sein

Schreiben Sie zwei oder drei ganz kindliche Tätigkeiten auf, die Sie morgen tun können. Denken Sie sich etwas aus, was in Ihnen angenehme Erinnerungen an Ihre Kindheit weckt: vielleicht ein Eis-Waffelhörnchen essen, auf den Spielplatz gehen oder in den Wolken Tiere und Gestalten entdecken. Beziehen Sie allmählich immer mehr von diesen Dingen in Ihr tägliches Leben ein. Ihr Ziel ist es, jenen Teil von sich wiederzufinden, der immer noch ein sorgenfreies Kind ist. Ihre Kindheit ist nach wie vor in Ihnen da, bereit, hervorgerufen und in Ihr Leben integriert zu werden.

Meistens verlieren wir beim Erwachsenwerden den Kontakt mit dieser reinen Freude in uns. Letztlich ist der Wunsch, wieder jung zu sein, ein Symbol für das tiefere Verlangen, neu zu bleiben. Säuglinge und kleine Kinder haben damit keine Schwierigkeiten. Indem Sie sich in die kindlichste Geisteshaltung zurückversetzen, die Ihnen möglich ist, öffnen Sie sich dafür, zu lernen, wie Almaas sagt, dass »wir der Genuss, die Freude, die tiefste Bedeutung und der höchste Wert sind«.

6. Sich auf sich selbst beziehen

Der höchste uns zugängige Bewusstseinszustand ist Einheit, das Auslöschen des Unterschieds zwischen Beobachter und Beobachtetem. In der Einheit wird alles, was Sie vorher als »da draußen« wahrgenommen haben, als Teil des eigenen Selbst betrachtet. Diese Erfahrung wird verhindert durch ein falsches Selbstbild, das sich aus Bildern vergangener Erfahrungen nährt.

Um diesen Ballast loszuwerden und sich wieder als freien, unbelasteten Menschen zu erleben, müssen Sie den verkrusteten Lack von Ihrem Selbstbild kratzen. Dieses Ziel lässt sich auf verschiedenen Wegen erreichen:

- Sie können eine neue Aktivität beginnen, die überhaupt nicht zu Ihrem bisherigen Selbstbild passt. Wenn Sie ein Geschäftsmann im grauen Flanellanzug sind, fangen Sie einen Aerobic-Kurs an. Als Hausfrau gehen Sie zum Boxen. Lassen Sie sich auf Leute und Situationen ein, die von Ihnen fordern, über Ihre Gewohnheiten hinauszuwachsen.

- Schreiben Sie Ihre Autobiografie. Das aufrichtige Niederschreiben jeder Einzelheit Ihres bisherigen Lebens wird Ihnen zu erkennen helfen, woher Ihre tief sitzenden Haltungen und Meinungen kommen, um sie dann leichter loszulassen.

- Beschließen Sie, jeden Tag ein wenig daran zu arbeiten, ein Verhalten an sich zu ändern, von dem Sie wissen, dass es Ihnen eigentlich nicht entspricht. Versuchen Sie es gewohnheitsmäßig allen recht zu machen? Dann sagen Sie das nächste Mal, wenn Sie gleich wieder in diese Falle zu tappen drohen, einfach mal Ihre Meinung. Falls Sie dagegen mit der Attitüde durchs Leben gehen, dass Ihnen die anderen zuzuhören haben, halten Sie inne und hören Sie zur Abwechslung einfach mal zu.

Diese schlichten Übungen können es ganz schön in sich haben. Sie müssen lernen, Ihre Fassade aufzugeben. Je mehr Sie trainieren, desto weniger werden Sie Ihre Maske brauchen.

7. Nicht-Anhaftung üben

Nicht anzuhaften bedeutet, frei zu sein von äußeren Einflüssen, die das wahre Selbst überschatten. In unserer Kultur lernen wir das nicht. Moderne Menschen legen sehr viel Wert darauf, sich einzulassen – ganz und gar, leidenschaftlich, mit Begeisterung und so weiter –, und verstehen oft nicht, dass diese Qualitäten und Nicht-Anhaftung keinen Gegensatz darstellen.

Sich ganz auf eine Beziehung einzulassen, bedeutet zum Beispiel, so viel Liebe und Verständnis für den anderen aufzubringen, dass er sein kann, was und wie er gerne sein möchte.

Das Paradox ist: Um leidenschaftlich zu leben, müssen wir fähig sein, einen Schritt zurückzutreten und wir selbst zu sein.

Was mich persönlich betrifft, so habe ich festgestellt, dass Augenblicke der Nicht-Anhaftung von folgenden Merkmalen geprägt sind:

- Ich bin mir meines Körpers bewusst.

- Mein Atem wird ganz fein und kommt fast zum Stillstand.

- Die mentale Aktivität hat nachgelassen.

- Ich fühle keine Bedrohung; es gibt eine Gewissheit der Zugehörigkeit.

- Ich nehme meine innere Welt als einen offenen, grenzenlosen Raum wahr; die Wahrnehmung erstreckt sich in alle Richtungen, statt auf bestimmte Gedanken konzentriert zu sein.

- Selbstakzeptanz fließt in meine Umgebung. Die Dinge »da draußen« erscheinen mir ganz nah, als Erweiterungen meiner selbst.

Diese Erfahrung des Einsseins ist auch meine Arbeitsdefinition von Liebe.
Damit Ihr Aktionsplan funktionieren kann, brauchen Sie eine Möglichkeit, Ihrer Liebe freien Lauf zu lassen. Die Liebe möchte sich selbst finden, und wenn der Kreislauf geschlossen ist, fließt Seligkeit. Fragen Sie sich: Wo finde ich Seligkeit? Schreiben Sie dann die Schritte auf, die Sie unternehmen können, um mehr davon in Ihrem Leben zu erfahren.
Verwechseln Sie nicht Vergnügen mit Liebe. Es gibt vieles, was Vergnügen bereiten kann, zum Beispiel Fernsehen, aber es ist wenig Liebe darin. Liebe kann Vergnügen bereiten, aber auf einer tieferen Ebene. Einem Bedürftigen eine Mahlzeit zu bringen ist ein Akt der Liebe, der viel mehr Vergnügen bereitet, als fernzusehen, und Sie

können dabei sehr viel mehr über Miteinander, Mitgefühl und Verständnis lernen.

Beim Aufstellen Ihrer Liste werden Sie vielleicht feststellen, dass viele Ihrer kostbaren Augenblicke der Seligkeit für immer dahin sind.

Sie können zum Beispiel nicht den Augenblick wiederholen, als Sie sich in Ihren jetzigen Lebensgefährten verliebten. Aber die Liebe hat Tiefen um Tiefen. Vielleicht erinnern Sie sich angesichts Ihrer Liste an die Tage, als Ihre Kinder geboren wurden. Doch Ihre Kinder können Ihnen immer noch eine Quelle der Seligkeit sein, wenn Sie beschließen, sich tiefer auf die Beziehung zu ihnen einzulassen.

Nichts ist wichtiger, als wieder mit Ihrer Seligkeit in Kontakt zu kommen. Nichts ist so bereichernd. Nichts ist wirklicher.

Zweite Übung:
»Liebe sein« versus Verliebtsein

Ich möchte gerne den Zustand der Liebe weiter erkunden, weil er der sicherste Weg zurück zum Sein ist. Die alten Weisen erklärten, letztlich bestehe alles aus Bewusstsein und die Erfahrung reinen Bewusstseins, frei von äußeren Bildern oder Annahmen, sei Liebe. Das Verschmelzen von Liebe, Wahrheit und Wirklichkeit ist die große Offenbarung des Einheitsbewusstseins, der Augenblick, wo ein Mensch wahrhaftig sagen kann: »Ich bin alles«, und: »Ich bin Liebe«, im selben Atemzug.

Verliebtsein ist nicht derselbe Zustand. Wenn Sie sich verlieben, entsteht eine Öffnung, durch die unterdrückte Gefühle hervorbrechen und sich an eine andere Person heften. Ist die Liebe tief genug, erscheint der andere Mensch als ideal und vollkommen (was nichts damit zu tun hat, dass sich die betreffende Person tatsächlich vielleicht in einem unvollkommenen oder gar zerstörerischen Zustand befinden kann). Aber die Macht der Liebe wandelt die Realität, indem sie den Beobachter verändert.

In einer Reihe interessanter Experimente erforschte der Harvard-Psychologe David C. McClelland die Psychologie der Liebe. Eine Gruppe von Testpersonen sah sich einen kurzen Film an, der Mutter Teresa bei ihrer täglichen Arbeit zeigte, wie sie sich um die kranken und vernachlässigten Kinder Kalkuttas kümmerte. Der Film offenbarte ein reiches Verströmen von Liebe. McClelland entdeckte, dass bei den Zuschauern ein Marker des Immunsystems zunahm, das sogenannte SIgA. Viel SIgA weist auf ein starkes Immunsystem hin – ein Symptom, das auch bei frisch Verliebten auftritt.

McClelland stellte auch fest, dass die positive Wirkung auf die Zuschauer nach ein paar Stunden wieder abnahm. Die Immunreaktion blieb am höchsten bei den

Personen, die von sich behaupteten, in ihrem Leben sehr geliebt zu werden und eine starke Verbindung zu ihrer Familie und zu Freunden zu haben.

Das lässt darauf schließen, dass manche Menschen besonders aufgeschlossen sind, zu lieben. Für sie war die Erfahrung der Liebe kein vorübergehender Zustand, sondern ein dauerhafter Bestandteil ihres Lebens. Die Aussage der erleuchteten Weisen – »Ich bin Liebe« – war für diese Menschen also in gewisser Weise wahr, wenn auch zu einem geringeren Anteil.

McClelland schloss daraus, dass Liebe ein Zustand ist, der die Vernunft transzendiert und deren Zweck darin besteht, die Erfahrung einer umfassenderen Wirklichkeit zu ermöglichen.

Dies beschreibt einen Schritt ins Reich der zeitlosen Liebe. Wenn zwei Menschen ihre Liebe zueinander als Zugang zu diesem Reich nutzen, schließt sich diese Tür nicht, wenn einer der beiden stirbt. Letztlich kommt alle Liebe von innen. Wir machen uns etwas vor, wenn wir meinen, die andere Person zu lieben: Dieser Mensch ist nur der Vorwand, um uns zu erlauben, Liebe zu fühlen. Nur Sie selbst können Ihr Herz öffnen und schließen. Die Macht der Liebe, uns zu nähren und zu erhalten, ist abhängig davon, wie wir uns darauf »hier drinnen« einlassen.

Es ist wichtig, über Liebe zu reden, darüber nachzudenken, sie anzustreben und sie zu ermutigen. Um daraus eine Übung zu machen, können Sie sich zu Folgendem entschließen:

1. Denken Sie an Liebe. Nehmen Sie sich Zeit, sich an die Liebe zwischen Ihnen und Ihren Eltern zu erinnern. Sinnen Sie darüber nach, was Sie an dem Menschen, den Sie heute am meisten lieben, besonders liebenswert finden. Lesen Sie Liebesgedichte – etwa Sonette von Shakespeare – und lassen Sie sie tief auf sich wirken.

2. Reden Sie über Liebe. Bringen Sie Ihre Gefühle für eine Person, die Sie lieben, direkt zum Ausdruck. Falls das verbal nicht möglich ist, schreiben Sie ein Gedicht oder einen Brief; Sie müssen ihn nicht abschicken. Diese Übung ist für Sie, um die Liebe in jeder Zelle anzuregen. Es hat jedoch Vorteile, wenn Sie ihn abschicken, denn Sie möchten vielleicht auch Ausdrucksformen der Liebe empfangen. Lassen Sie nicht zu, dass Ihre Liebe als selbstverständlich gilt.

3. Streben Sie Liebe an. Dies ist auf vielerlei Weise möglich. In unserer Gesellschaft wird Intimität häufig mit sexueller Begegnung gleichgesetzt, aber es kann auch ein Akt der Liebe sein, den Obdachlosen oder den Kranken zu helfen, je-

mandem ein ernst gemeintes Kompliment zu machen oder einen Dankesbrief zu schreiben. Die Menschen hören es gerne, dass sie geliebt und geschätzt werden: Wenn Sie also nach Gelegenheiten suchen, diese Bedürfnisse zu erfüllen, wird sich die Dankbarkeit der anderen in Ihrer Physiologie als die Seligkeit des Wiedergeliebt-Werdens spiegeln.

4. Ermutigen Sie zur Liebe. Eltern bringen ihren Kindern oft bei, es sei etwas für Säuglinge und Kleinkinder, offen zärtlich und liebevoll miteinander zu sein, aber nichts für Ältere. Erwachsene lehren die Kinder Manieren und Respekt und erzeugen dadurch oft eine Distanz, welche die Liebe in ihrer Empfindsamkeit und Scheu nicht durchqueren kann. Wir geben dieses Gefühl der Getrenntheit an unsere Kinder weiter, weil wir es von unseren Eltern übernommen haben. Praktisch jeder trägt in sich eine Geschichte der Liebe, die nur darauf wartet, hervorgelockt zu werden; eine Geschichte der Zuneigung, die sich still versteckt, weil sie es nicht wagt, sich zu zeigen.

Machen Sie es sich zur Aufgabe, den Menschen um Sie herum die Erlaubnis zu geben, zu lieben. Ermutigen Sie sie zu Zuneigung und Zärtlichkeit, indem Sie sie selbst zum Ausdruck bringen, ohne darauf zu schauen, was Sie zurückbekommen. Wahre Liebe ist vollkommen zufrieden, zu dem hinzufließen, was geliebt wird; wenn Liebe erwidert wird, verstärkt es die Freude, aber es ist nicht erforderlich und wird nicht verlangt.

Die Erziehung zur Liebe beginnt in einem Augenblick und endet in der Ewigkeit. Sie wird belebt durch Gefühle der begeisterten Freude und mündet in den Frieden, der dem Sein selbst innewohnt.

Nutzen Sie die Liebe als Ihren Spiegel der Zeitlosigkeit; lassen Sie die Liebe Ihre Gewissheit nähren, dass Sie jenseits von Veränderung sind, jenseits der Erinnerungen an gestern und des Traums von morgen. Es gibt unendliche Wege, Ihr wahres Sein zu entdecken, aber die Liebe leuchtet am hellsten. Wenn Sie ihr folgen, werden Sie von ihr über die Grenzen von Alter und Tod hinausgeführt. Treten Sie aus dem Kreis der Zeit und finden Sie sich im Kreis der Liebe.

Epilog

Die am schnellsten zunehmende Altersgruppe der amerikanischen Bevölkerung sind die über Neunzigjährigen und bald werden es die über Hundertjährigen sein. Wir brauchen nicht zu meinen, in der Biologie des Alterns gehe etwas Wundersames vor sich. Vielmehr zeigen wissenschaftliche Untersuchungen, dass sich die Biomarker des Alterns wie Blutdruck, Knochendichte, Regulation der Körpertemperatur, Muskelmasse, Muskelstärke, Zuckerverarbeitung, Sexualhormonspiegel, Hören, Immunabwehr und Sehschärfe allesamt verbessern lassen, selbst spät im Leben. Mit anderen Worten: Alle Biomarker des Alterns sind umkehrbar. Das bedeutet: Altern ist umkehrbar.

Ich bin davon überzeugt, dass Sie mit den praktizierten Übungen in diesem Buch Ihren Alterungsprozess dramatisch verlangsamen und vielleicht sogar umkehren können. Erinnern Sie sich an die grundlegenden Prinzipien, die hier vorgestellt wurden:

1. Das Altern ist umkehrbar. Biologisches und chronologisches Alter hängen nicht notwendigerweise zusammen. Sie können chronologisch 20 Jahre alt sein, aber wenn Sie emotional und körperlich vollkommen erschöpft und überanstrengt sind, haben Sie den Körper eines alten Menschen. Oder Sie können 70 Jahre alt sein, doch wenn Sie sich emotional und spirituell fit fühlen, werden sich in Ihrer Biologie die Ausdauer, Spannkraft, Kreativität, Wachsamkeit und Dynamik der Jugend widerspiegeln.

2. Das Altern oder die Entropie werden durch die Ansammlung von Toxinen im Körper beschleunigt. Diese Gifte sammeln sich an durch eine toxische Umgebung, belastete oder giftige Nahrung oder Getränke, toxische Beziehungen und toxische Gefühle. Das Ausleiten dieser Gifte wird Ihre biologische Uhr in Richtung Jugend beeinflussen.

3. Sportliche Betätigungen haben einen direkten Einfluss auf die Biomarker des Alterns und kehren den Alterungsprozess um.

4. Angemessene Ernährung und manche Nahrungsergänzungsmittel wie Antioxidanzien dienen als sehr gute Hilfsmittel, um den Alterungsprozess zu verlangsamen.

5. Meditation senkt das biologische Alter.

6. Liebe ist die mächtigste Medizin; sie heilt und erneuert.

Und zuletzt: Was ist ein zeitloser Geist und welchen Einfluss hat er auf die biologische Uhr?
Ich bin zunehmend davon überzeugt, dass unsere Erfahrung der Zeit direkt auf die Aktivität unserer inneren Uhr wirkt. Wenn Sie mit dem Gefühl leben, »die Zeit läuft ab«, wird sich Ihre biologische Uhr beschleunigen. Haben Sie dagegen »alle Zeit der Welt«, wird sich Ihre biologische Uhr verlangsamen. In Augenblicken der Transzendenz, wenn die Zeit stillsteht, wird Ihre biologische Uhr anhalten.
Der spirituelle Geist ist der Bereich unseres Bewusstseins, wo es keine Zeit gibt. Zeit ist die Kontinuität der Erinnerung, mit dem Ego als innerem Bezugspunkt. Lassen wir unser Ego hinter uns und treten in den Bereich des spirituellen Geistes ein, dann durchbrechen wir die Barriere der Zeit. Letztlich hängen sowohl die Qualität als auch die Quantität unseres Lebens von der

persönlichen Wahrnehmung unserer Identität ab. Wenn wir unser Leben als sinnvoll empfinden und unsere Identität nicht an unser – mit Haut umhülltes – Ego hängen, dann werden die Qualität und die Quantität unseres Lebens dramatisch zunehmen. Mehr als alle Nahrungsergänzungsmittel und sportlichen Betätigungen wirkt es lebensverändernd, sich die folgenden Prinzipien zu Herzen zu nehmen:

- Richten Sie Ihre Aufmerksamkeit auf das Zeitlose, das Ewige, das Unendliche.

- Seien Sie darauf aus, dass Ihr Ego weicht.

- Seien Sie natürlich; befreien Sie sich von dem Bedürfnis, sich immer hinter einer sozialen Maske zu verbergen.

- Geben Sie sich dem Mysterium des Universums hin.

- Entwickeln Sie ein Gefühl der Kommunion, der Gemeinschaft mit dem Spirituellen, dem Göttlichen.

- Seien Sie frei von Abwehr; lösen Sie sich von dem Bedürfnis, Ihren Standpunkt zu verteidigen.

*Ich wünsche Ihnen
viel Glück
auf Ihrer Lebensreise!*

Über den Autor

Dr. Deepak Chopra, 1946 in Indien geboren, verbindet als Internist, Endokrinologe und Autor das medizinische Wissen des Westens mit der Weisheit des Ostens.
Seine Bücher – mehr als fünfzig an der Zahl – wurden in über fünfunddreißig Sprachen übersetzt, darunter mehrere »New York Times«-Bestseller sowohl im Belletristik- als auch im Sachbuch-Bereich.
Er ist Mitglied des American College of Physicians und der American Association of Clinical Endocrinologists, Professor an der Kellogg School of Management und leitender Wissenschaftler der Gallup Organization. Das »Time«-Magazin ehrte Chopra als einen der 100 wichtigsten Helden des 20. Jahrhunderts und nannte ihn den »Dichter-Propheten der Alternativ-Medizin« (Juni 1999).

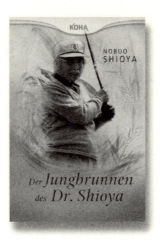

Nobuo Shioya
Der Jungbrunnen des Dr. Shioya
Taschenbuch., 192 Seiten
€ 7,95
ISBN 978-3-936862-91-1

Hundert Jahre lang leben, ohne senil oder krank zu sein – das ist unsere Bestimmung, sagt der japanische Arzt und Weisheitslehrer Dr. Nobuo Shioya, der selbst über 100 Jahre alt ist. Von Geburt an kränklich, fand er einen Weg zu einem langen, gesunden und selbstbestimmten Leben. Seine äußerst wirksame Methode ist so leicht anzuwenden, dass sie auch ältere Menschen praktizieren können. Dieses Buch ist einerseits ein praktisches Handbuch, um ein langes Leben in geistiger und körperlicher Gesundheit zu erreichen, doch andererseits ein zutiefst spirituelles Buch, eine Quelle der Weisheit.